Le financement dans les systèmes éducatifs d'Afrique subsaharienne

Jean-Bernard Rasera,
Jean-Pierre Jarousse
et Coffi Rémy Noumon

Le financement dans les systèmes éducatifs d'Afrique subsaharienne

*Jean-Bernard Rasera,
Jean-Pierre Jarousse
et Coffi Rémy Noumon*

**Association pour le développement de l'éducation en Afrique
Groupe de travail sur les finances et l'éducation**

**Conseil pour le développement de la recherche
en sciences sociales en Afrique**

© **Groupe de travail de l'ADEA sur les finances et l'éducation 2005**

Publié par le Groupe de travail sur les finances et l'éducation de l'Association pour le développement de l'éducation en Afrique (ADEA)

et le Conseil pour le développement de la recherche
en sciences sociales en Afrique
Avenue Cheikh Anta Diop Angle Canal IV, BP 3304 Dakar, CP 18524 Sénégal
Site web : www.codesria.org

Tous droits réservés

ADEA ISBN : 92-9178-041-3

CODESRIA ISBN: 2-86978-156-3

Maquette et mise en pages : Marie Moncet

Impression : Graphiplus, Dakar, Sénégal

Le Groupe de travail sur les finances et l'éducation tient à remercier, pour leur soutien à ses activités de recherche et de publication, le CODESRIA, l'Agence canadienne de développement international (ACDI), l'Agence suédoise de développement international (SIDA/SAREC), le Centre de recherche pour le développement international (CRDI), la Fondation Mac Arthur, Carnegie Corporation, le ministère norvégien des Affaires étrangères et l'Agence danoise pour le développement international (Danida).

Les activités du Groupe de travail de l'ADEA sur les finances et l'éducation sont coordonnées par le Conseil pour le développement de la recherche en sciences sociales en Afrique (CODESRIA), une organisation indépendante dont le principal objectif est de faciliter la recherche, de promouvoir une forme de publication basée sur la recherche, et de créer des forums permettant aux chercheurs africains d'échanger des opinions et des informations. Le Conseil cherche à lutter contre la fragmentation de la recherche à travers la mise en place de réseaux de recherche thématiques qui transcendent les barrières linguistiques et régionales.

Sommaire

Introduction 7

Chapitre 1. Analyse du financement 12
1.1 Phase 1 : l'élaboration de la politique éducative 18
    1.1.1 L'expression de la politique éducative 18
    1.1.2 La prise en considération des contraintes financières 23
    1.1.3 Le partage du financement 27
    1.1.4 Conclusions 39
1.2 Phase 2 : la planification-programmation 40
    1.2.1 Les conditions de la planification 41
    1.2.2 Les procédures de planification-programmation 46
    1.2.3 Conclusions 62
1.3 Phase 3 : la budgétisation 65
    1.3.1 Le budget de l'État 65
    1.3.2 L'aide extérieure 84
    1.3.3 Les collectivités locales 86
    1.3.4 Les ménages 86
    1.3.5 Conclusions 87
1.4 Phase 4 : l'exécution des dépenses 89
    1.4.1 Le budget de l'État 89
    1.4.2 Les autres sources de financement 95
    1.4.3 Conclusions 97
1.5 Synthèse et classification des problèmes
    de financement 97

Chapitre 2. L'étiologie des problèmes de financement 108
2.1 L'arborescence des origines des problèmes 109
2.2 Les origines des différents problèmes 116

Chapitre 3. La recherche des solutions 130
3.1 Analyse ponctuelle des problèmes 131
    3.1.1 Problèmes pour lesquels l'efficacité des actions
    est absolue 133
    3.1.2 Problèmes pour lesquels l'efficacité des actions
    est relative 144

3.2 Ordre de résolution des problèmes 152
   3.2.1 Les voies imposées à l'action 153
   3.2.2 La qualité des services qui planifient
   et programment l'action..154
   3.2.3 Définition de l'objectif..155
   3.3.4 Conditions de l'action...155
3.3 Généralisation...156

CHAPITRE 4. POLITIQUE ÉDUCATIVE ET FINANCEMENT 159

4.1 Représentation simplifiée de la gestion d'un projet.........163
4.2 La gestion des politiques éducatives : ses difficultés
   et ses particularités...168
   4.2.1 Les difficultés « techniques » 168
   4.2.2 Les difficultés « culturelles » 172
4.3 Les enjeux d'une gestion de la politique éducative
   par les résultats 176
   4.3.1 Les leçons des travaux portant sur l'évaluation
   des systèmes éducatifs 177
   4.3.2 La généralisation de la démarche au pilotage
   des politiques éducatives..180
4.4 L'intégration du financement dans la gestion
   des politiques éducatives 183

CHAPITRE 5. LES ALTERNATIVES STRUCTURELLES........................190

5.1 La privatisation 190
5.2 La décentralisation..191
5.3 Les enclaves d'efficacité 192

CONCLUSION...194

ANNEXE. L'ADEA ET LES TRAVAUX DU GROUPE
   SUR LES FINANCES ET L'ÉDUCATION 197

INTRODUCTION

Tout le monde reconnaît désormais l'importance de l'éducation pour le développement ; la place qui lui est accordée en Afrique subsaharienne n'est pas indigne de cette importance, qu'elle soit appréciée par l'étendue de la scolarisation – la proportion de la population scolarisée dans les écoles primaires, secondaires ou supérieures (17 %) n'y est guère inférieure à celle des pays développés (20 %) – ou par les ressources qui lui sont consacrées – les dépenses publiques d'enseignement y représentent une part du PNB (5,6 %) légèrement supérieure à celle des pays développés (5,1 %)[1].

Que l'éducation soit une condition *sine qua non* ou un stimulant du développement, on ne peut pour autant la rendre responsable de la lenteur de celui-ci. Rien n'indique pourtant qu'elle joue bien son rôle et elle reste un objet fondamental de réflexions et de recherches dans l'étude du développement. Si les mesures synthétiques de l'efficacité des systèmes éducatifs, qui placent l'Afrique subsaharienne en mauvaise position, sont discutables[2], les nombreux dysfonctionnements qu'on y observe laissent à penser qu'il est possible d'améliorer nettement cette efficacité.

Face à cet enjeu, deux attitudes opposées se présentent : d'un côté, le rejet radical du modèle éducatif occidental ; de l'autre, la rationalisation des dépenses.

Le rejet du modèle éducatif occidental est resté surtout verbal, parfois incantatoire ; il ne s'est jamais concrétisé par l'adoption d'un nouveau modèle ; tout au plus a-t-il suscité une réforme malheureuse – la « ruralisation » de l'école. Son erreur est de condamner le modèle au lieu

---

1. Chiffres de 1995, extraits du *Rapport mondial sur l'éducation* 1998, UNESCO.
2. Les comparaisons internationales qui conduisent à conclure à l'inefficacité des politiques éducatives en Afrique sont peu convaincantes si l'on considère à la fois la pauvreté statistique des modèles et la définition critiquable des variables : existence supposée d'une relation universelle, linéaire, entre moyens et produits ; mesures non neutres des moyens, basées sur des définitions de la richesse (PNB, PNB/habitant) qui ne sont pas synonymes de pouvoir d'achat individuel ou public. Voir Rasera, J.-B. (2001), « L'éducation en Afrique subsaharienne, Quels fondements des politiques ? », Irédu.

de condamner son fonctionnement. L'idée selon laquelle ce modèle est inapproprié à la culture africaine est peu convaincante : il est commun à de nombreux pays de cultures différentes où il fonctionne bien ; si sa mise en place en Afrique s'est faite au mépris des particularités culturelles de cette région, des adaptations ont été, depuis, réalisées.

La rationalisation des dépenses s'intéresse à l'allocation des ressources entre les différents niveaux et types d'enseignement, entre les différents inputs de la production scolaire, ainsi qu'à l'organisation pédagogique. Elle est insuffisante si elle néglige le fonctionnement du système, si elle le considère comme donné ou si elle relègue son amélioration au rang des accessoires.

Le fonctionnement du système résulte de son organisation administrative, de l'ensemble des procédures par lesquelles s'élabore le Projet éducatif, de la définition de la politique éducative à l'exécution des dépenses. Un bon fonctionnement du système est un préalable à l'efficacité de la rationalisation des dépenses. Pour deux raisons : parce qu'il garantit le respect des prescriptions qu'implique cette rationalisation et, surtout, parce qu'il permet de la définir.

Le financement de l'éducation n'est que l'un des aspects du fonctionnement du système, mais c'est un aspect essentiel. Les études spécifiques sur le financement de l'éducation sont relativement rares, en particulier dans le contexte des pays en développement. L'abondante littérature des analyses dites « sectorielles », qui traitent des coûts et du financement de l'éducation dans de nombreux pays, ne permet pas de faire le tour de la question. Dans la grande majorité des cas, il s'agit d'une littérature « grise », donc difficilement accessible, et très spécifique quant à son champ et à ses ambitions. Chacune de ces études traite d'un pays particulier et le point de vue adopté est plus souvent diagnostique qu'analytique ; elles sont par ailleurs davantage motivées par des objectifs opérationnels que par un souci de compréhension ; et leur principal objectif est de repérer les points faibles des systèmes étudiés dans la perspective de définir de futurs plans d'actions. Elles n'offrent pas en ce sens de véritables problématiques ni d'analyses exhaustives de la question du financement. Enfin, ces études sont plus souvent tournées vers les coûts, les allocations et l'efficacité, que vers l'organisation du financement au sens strict.

Cet ouvrage entend contribuer à combler ces lacunes. Il a pour origine les travaux du groupe de travail sur les finances et l'éducation de l'Association pour le développement de l'éducation en Afrique (ADEA)[3].

A un niveau très immédiat, le financement (du point de vue de son organisation : qui finance quoi, comment, pourquoi ?) se construit au cours d'activités et de procédures intimement liées à l'élaboration du projet éducatif, qui va de la définition de la politique éducative à l'exécution des dépenses. En matière de financement public en général, et de financement de l'éducation en particulier, cette liaison est complexe : le financement n'est pas neutre et il ne se réduit pas à une simple intendance.

Les ressources et les emplois se déterminent mutuellement ; la contrainte financière est relative, car la qualité des emplois a une influence sur l'offre de ressources (aide extérieure, communautés locales et ménages). Cette interaction est à l'œuvre tout au long de l'élaboration du projet éducatif ; elle n'est pas maîtrisée par une volonté unique. Par conséquent, elle peut être incohérente et doit être explicitée ; d'autant plus dans les pays d'Afrique subsaharienne que la rareté des ressources y conduit à composer avec des partenaires extérieurs.

L'analyse du financement *stricto sensu* doit mettre en évidence à la fois les modalités de son élaboration au cours du projet éducatif, et l'influence que ces modalités sont susceptibles d'avoir sur ce projet. Elle identifiera un certain nombre de problèmes dont il conviendra d'apprécier l'impact potentiel sur la finalité du projet éducatif, d'identifier les causes, de rechercher et de hiérarchiser les solutions.

L'imbrication particulière du financement et du projet éducatif donne son sens à cette analyse. Toutefois, celle-ci ne la rend pas caduque : elle permet, par les solutions auxquelles elle conduit, d'établir ou de rétablir une bonne fonctionnalité du financement, mais elle ne le rend pas neutre pour autant. Cette bonne fonctionnalité du financement est nécessaire, mais elle n'est pas suffisante. Elle est une condition *sine qua non* de la gestion globale efficace du système éducatif.

La question du financement de l'éducation en Afrique fait partie intégrante de celle, plus générale, de l'efficacité des politiques éducatives. C'est seulement dans ce contexte qu'elle prend tout son sens, parce que

---

3. Voir l'annexe.

la politique éducative, par la nature des mécanismes et des activités qu'elle met en oeuvre, ne constitue pas un objet, ou plutôt un projet, ordinaire, et que la question de son efficacité ne peut, dans ces conditions, aller de soi. Dans un grand nombre d'activités productives, la question du financement se pose en termes simples. Lorsque le mode et la technologie de production sont connus, la question du financement se résume à un problème de coût que les responsables intègrent aisément dans leurs calculs d'efficience et de rentabilité. Il n'en va pas de même dans le cadre de la politique éducative. C'est avant tout parce que l'on sait peu de choses des politiques éducatives efficaces que le problème de leur financement se pose en des termes si complexes. La raison en est d'abord technique (ou technologique) et renvoie à l'opacité des conditions de cette « production » particulière. Elle est également liée à la nature du bien « éducation », dont une analyse du financement ne peut ignorer les liens qu'il entretient, d'une part, avec des dimensions aussi fondamentales du fonctionnement des sociétés que sont la culture, l'identité et la souveraineté nationales et, d'autre part, avec l'ensemble des autres fonctions collectives.

Enfin, il est difficile de parler du financement de l'éducation et, plus généralement, de l'efficacité des politiques éducatives dans les pays africains sans s'interroger sur les conséquences que la situation particulière de ces pays peut avoir à la fois sur la nature du problème à résoudre et sur les moyens les plus adéquats de parvenir à cette résolution.

En dehors de toute référence à une quelconque inefficacité particulière des politiques éducatives dans les pays en développement, il est évidemment de leur intérêt, comme dans tous les autres pays, de rechercher les processus susceptibles d'en améliorer la gestion et les performances. Le niveau de développement peut cependant constituer un obstacle à cet objectif universel : l'importance des contraintes financières rend les arbitrages notablement plus difficiles et le faible niveau de développement constitue un obstacle au maintien dans le pays d'un personnel qualifié indispensable à une gestion relativement complexe.

L'analyse proposée concerne l'ensemble du système d'enseignement formel. Elle n'entend pas se limiter à des considérations théoriques, mais elle se veut au contraire orientée vers l'action et la recherche de solutions concrètes aux problèmes posés. Elle comporte cinq chapitres :

- le premier analyse à la fois l'élaboration du financement – comment se déterminent le volume de ressources, le partage du financement, la dépense ? – et son imbrication dans les différentes phases du projet éducatif. Dans ce cadre, il met en évidence les principaux problèmes et en donne des illustrations. A la fin du chapitre, un recensement de tous les problèmes est présenté ; il intègre une tentative d'appréciation quantitative de leur impact sur le montant global des ressources mobilisées, sur la répartition sous-sectorielle de ces ressources, sur l'équilibre entre l'investissement et le fonctionnement et sur l'efficacité des activités financées ;

- le deuxième chapitre s'intéresse à l'étiologie de ces problèmes. Leur origine peut être trouvée dans différents aspects de l'état de sous-développement : héritage, idéologie, primat du politique, compétences, communications, logique et conditions de l'aide, ressources de la population, aléa des recettes publiques. Le rattachement de chaque problème à ces différents aspects est examiné ;

- le troisième chapitre traite de la résolution de ces problèmes. Au travers de la nature et de l'efficacité des mesures susceptibles d'être prises pour les résoudre, des niveaux d'intervention concernés (État, ministère de l'Éducation, partenaires extérieurs) et des interactions entre les résolutions des différents problèmes, il propose une classification des problèmes puis un ordre de priorité de leurs résolutions ;

- la résolution des problèmes de financement tels qu'ils se manifestent tout au long de l'élaboration du projet éducatif constitue un préalable à une amélioration de la gestion globale de la politique éducative : le quatrième chapitre est consacré à l'examen de la forme que doit prendre cette gestion. Il met en évidence les difficultés spécifiques de la gestion des systèmes éducatifs et les perspectives qu'offre une approche par les résultats plutôt que par les moyens ;

- si nous nous sommes situés, dans les précédents chapitres, dans le cadre d'un système public centralisé, le cinquième chapitre sort de ce cadre et examine les solutions structurelles au problème du financement et, plus largement, de la gestion des systèmes éducatifs (privatisation, décentralisation et enclaves d'efficacité).

Chapitre 1.
Analyse du financement

Le financement se définit d'abord par rapport à son objet – les activités (activités d'enseignement, activités induites par l'enseignement, et activités d'administration). Ces activités résultent d'un projet conçu au cours d'un processus qui va du choix d'orientations politiques jusqu'à la budgétisation, en passant par la planification et la programmation, et qui est ensuite réalisé dans l'exécution des dépenses.

Si le financement était neutre, la conception du projet serait achevée dans la phase de programmation ; la budgétisation ne serait qu'un chiffrement des coûts du projet. Si tel était le cas, l'analyse du financement n'aurait que peu d'intérêt. Mais la réalité est différente : la rareté des ressources donne au financement toute son importance dans la détermination des activités, dès l'origine même de la conception du projet.

L'influence du financement sur la nature et la dimension des activités se manifeste dans la conception du projet et dans sa réalisation. Par ailleurs, le financement peut en lui-même constituer l'un des objectifs du projet dès lors qu'il intègre des considérations d'équité en matière de prise en charge des dépenses.

Les activités, caractérisées par tous les éléments qui ont un sens du point de vue de la technologie éducative, ne résultent totalement d'un projet cohérent que dans un idéal quasiment inaccessible. Le projet est complexe, il n'émane ni d'une seule conscience ni d'un seul mouvement ; il est par conséquent plus ou moins cohérent et plus ou moins élaboré. Il peut être incohérent en raison d'une conception déficiente mais volontaire ; il peut l'être aussi en raison d'une incoordination des actions qui le définissent. Il est plus ou moins élaboré au regard de la caractérisation des activités.

Si le financement peut influer de manière positive et directe sur le projet, et donc sur les activités, il peut également influer sur celles-ci à l'insu d'une quelconque volonté, en raison même de l'incomplétude du projet, de son caractère incohérent ou de son imprécision. Car, quel que soit le projet, les activités réalisées sont toujours financées[4] ; l'impact du financement sur les activités est inéluctable, que le financement soit ou non dicté par un projet plus ou moins cohérent.

Notre propos est d'analyser cette influence complexe du financement sur le projet éducatif, dans sa conception et sa réalisation. Nous l'examinerons au cours de chacune des phases qui scandent le projet éducatif. Puisqu'il ne s'agit pas ici d'une monographie, mais d'une analyse synthétique de la situation des pays d'Afrique subsaharienne, nous devons donner au préalable une définition générique de ces phases. Cette définition a nécessairement un caractère un peu arbitraire et il est possible qu'elle ne corresponde pas toujours aux dénominations institutionnelles propres à chaque pays.

Politique : Définition, par le pouvoir politique, des grandes orientations de la politique éducative. Cette définition peut être plus ou moins précise et il n'est pas exclu (ce devrait du reste être la norme) qu'elle soit instruite par des études réalisées dans le cadre de la planification sectorielle et par les résultats de l'évaluation d'activités ou de politiques passées. Cependant, elle précède logiquement ces étapes : elle est en effet le moment où la finalité du système éducatif est déterminée par des facteurs qui lui sont exogènes, par un contexte social, économique et politique, au regard de son utilité. Par conséquent, le chapitre consacré au secteur éducatif dans un plan de développement, quinquennal par exemple, où s'exprime la politique du gouvernement pour tous les secteurs d'activité, relève essentiellement de cette phase et non pas de la phase de planification, même s'il peut constituer en soi un plan d'éducation résultant de cette dernière phase. Dans ce plan de développement quinquennal, on peut distinguer les orientations politiques relatives à l'éducation des orientations relatives aux autres secteurs, et le plan éducatif en soi.

Planification-programmation : La planification est la technique qui permet de choisir les moyens pour atteindre les fins définies par les orientations politiques. Elle est principalement constituée d'études, de recherches ou d'activités – élaboration de statistiques notamment – qui doivent permettre de déterminer la stratégie optimale de mise en œuvre de la

---

4. Il arrive qu'une activité soit effectuée avant que le paiement des fournisseurs ne soit réalisé. Dans ce cas, on peut considérer qu'il est promis. Si la promesse n'est pas tenue, on peut considérer que la dépense a été effectuée aux dépens de ces fournisseurs qui deviennent, rétroactivement, les financeurs de cette activité.

politique éducative. Elle permet également d'éclairer les choix politiques. Elle est normalement finalisée dans un plan.

La programmation est l'élaboration d'un ensemble de programmes. Un programme est lui-même un ensemble cohérent d'activités, de missions, d'opérations, de mesures, etc., destiné à atteindre des objectifs.

Les définitions du plan et du programme que l'on vient de donner, tout comme du reste celles que l'on peut trouver dans les dictionnaires ou la littérature spécialisée, présentent à l'évidence une similitude de nature. Le programme ne se distingue d'un plan que par un degré plus élevé de précision ou de détail. Ce que l'on désigne ici comme programme pourrait l'être ailleurs comme plan.

C'est pour cette raison que nous regroupons dans la même phase la planification et la programmation. Et nous donnerons à cette phase composite la définition générale suivante : la planification-programmation est la phase au cours de laquelle s'élabore le « comment » de la réalisation des orientations politiques. A la différence de la précédente, cette phase est essentiellement déterminée par des facteurs endogènes au système éducatif.

Budgétisation : La budgétisation est la procédure qui aboutit à l'adoption de budgets[5]. Un budget représente une intention ou une promesse de dépenses, un ensemble de crédits ouverts sur des postes budgétaires qui ne définissent pas des actions mais des rubriques de dépenses. Les budgets doivent être déduits des programmes, mais cette déduction n'est pas immédiate. Elle présente de réelles difficultés techniques, qui peuvent dévoyer le projet éducatif.

Cette phase, comme les autres, concerne toutes les sources de financement, y compris les ménages. C'est pourquoi nous retenons essentiellement dans la définition de la budgétisation l'idée d'« intention de dépenses », intention qui peut parfois prendre la forme de promesse ou d'engagement. Les ménages, individuellement, peuvent établir un budget, mais ils le font rarement. On peut toutefois supposer l'existence d'un budget virtuel pour l'ensemble des ménages et définir la budgétisation comme l'ensemble des mesures qui le garantissent. On peut examiner par exemple le caractère plus ou moins contraignant des

---

5. Nous prenons ce terme dans une acception large, et non pas dans celle, propre aux procédures budgétaires françaises, où elle désigne l'opération de ventilation des crédits au niveau des articles et des paragraphes après le vote de la loi de finances.

droits d'inscription, des obligations d'achat d'uniformes, de manuels ou de fournitures scolaires.

L'exécution des dépenses : L'exécution des dépenses est l'ensemble des procédures qui rendent effectives les dépenses prévues dans les budgets. Pour les ménages, cette phase concerne par exemple le mode, en nature ou en espèces, des dépenses de constructions scolaires, les modalités du versement des droits d'inscription ou les conditions d'achats des manuels et des fournitures scolaires.

Ces quatre phases sont logiquement ordonnées dans le temps. Cependant, des retours ne sont pas exclus. Il est fréquent qu'à l'occasion de la budgétisation par exemple, un ajustement des programmes, voire des orientations politiques, soit effectué. Par ailleurs, l'articulation entre les phases est aussi, sinon plus, importante que les phases elles-mêmes. Par conséquent, notre analyse du financement suivra ces phases dans un continuum.

Le système de financement – qui finance quoi, dans quelle mesure, comment, pourquoi ? – s'élabore progressivement durant ces différentes phases et il influence le projet éducatif. Pour analyser cette élaboration et cette influence, nous pouvons distinguer quatre aspects du financement :
- l'évaluation des coûts : elle est plus ou moins précise selon la phase dans laquelle elle se déroule ;
- l'évaluation des capacités de financement : elle implique l'identification des sources de financement ;
- le partage du financement : sa détermination peut être simultanée à l'évaluation des capacités de financement ;
- les procédures d'exécution des dépenses.

Les évaluations des coûts et des capacités de financement peuvent se produire plusieurs fois au cours de la conception du projet : de la phase « politique » jusqu'à la phase « budgétisation ». Le partage du financement se précise de la phase « politique » jusqu'à la phase « programmation ». Les procédures d'exécution des dépenses sont quant à elles mises en œuvre lors de la réalisation du projet.

Dans notre examen de la mise en place du système de financement et de son influence sur le projet éducatif au cours des quatre phases qui le scandent, nous prendrons soin de distinguer ces quatre caractéristiques du financement.

Enfin, l'influence du financement sur le projet éducatif, ou la mauvaise articulation entre l'élaboration du financement et celle du projet éducatif, peuvent avoir des conséquences, qu'il est possible de distinguer selon qu'elles concernent :
- le niveau global de ressources mobilisées ;
- la répartition des ressources entre les sous-secteurs éducatifs ;
- l'équilibre entre l'investissement et le fonctionnement ;
- l'efficacité des activités.

A la fin de la section consacrée à chacune des phases du projet éducatif, nous ferons le bilan des influences du financement sur le projet éducatif en distinguant ces quatre effets.

Le *schéma* 1 ci-contre présente de manière simplifiée les correspondances entre, d'une part, les différentes phases d'élaboration du projet (conception et réalisation) et, d'autre part, les différents aspects du financement. Les quatre phases qui définissent le projet, de sa conception à sa réalisation, sont représentées de façon linéaire. Elles sont cependant interdépendantes. Ce sont surtout les deux premières qui font l'objet d'une détermination mutuelle (symbolisée par les doubles flèches), dans la mesure où la politique se détermine idéalement en référence aux savoirs (diagnostics, état de la technologie éducative, modes d'organisation, etc.) et au savoir-faire (capacités d'analyse et de gestion des programmes) mobilisés dans la phase de planification-programmation. Cependant, la conception du projet doit également intégrer la connaissance des procédures et des performances de la budgétisation, voire des principales difficultés déjà rencontrées en matière d'exécution des dépenses.

Le financement interagit avec chacune des phases de conception et de réalisation du projet. Les différentes étapes de conception reposent idéalement sur une connaissance relativement précise des coûts des activités envisagées et des capacités de financement mobilisables. La réflexion sur le partage du financement est d'autant plus nécessaire à la conception du projet que ce dernier peut l'intégrer comme l'un de ses objectifs particuliers (équité). L'exécution des dépenses, sa technologie ou ses difficultés affectent directement les activités réalisées.

Cette prise en compte des différentes dimensions du financement dans la conception du projet conditionne la détermination du niveau global de ressources, la répartition sous-sectorielle et fonctionnelle

Chapitre 1 - Analyse du financement

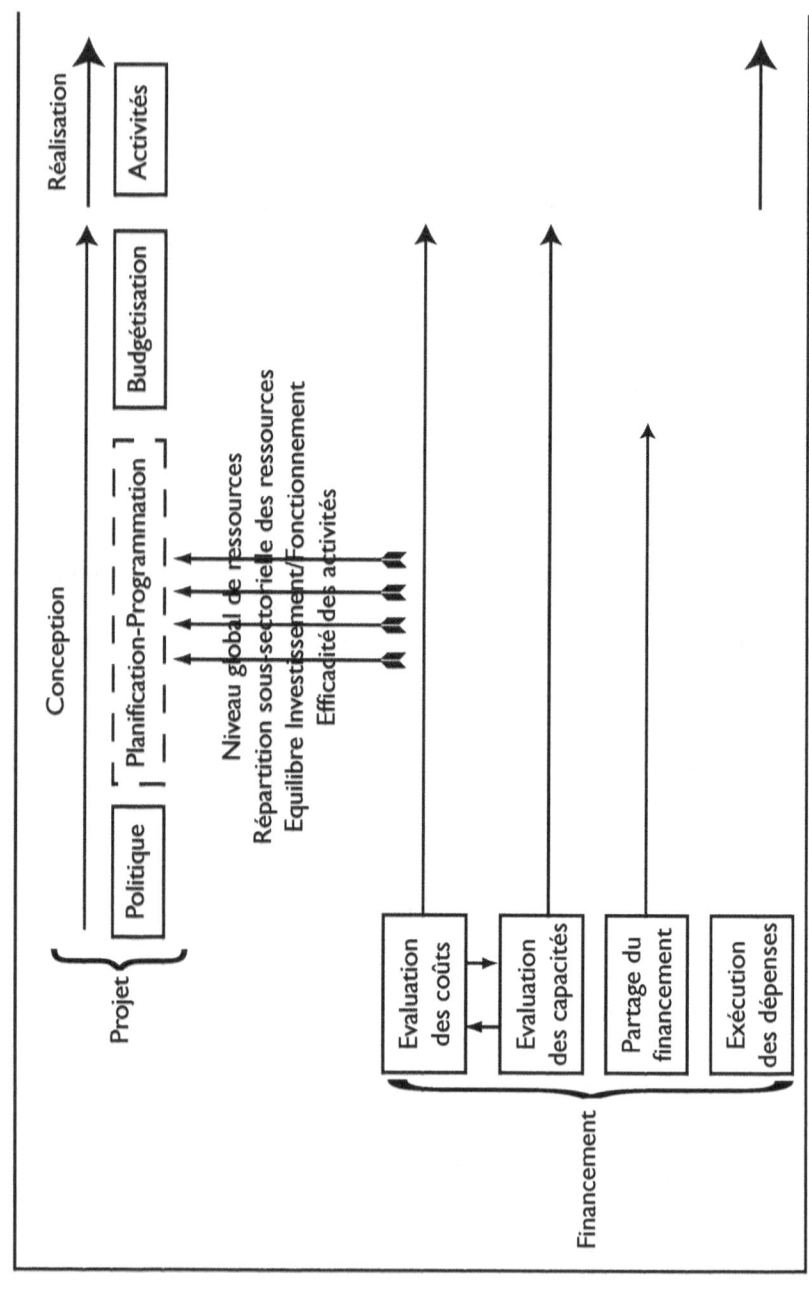

(investissement/fonctionnement) de ces dernières et l'efficacité des activités.

1.1 Phase 1 : l'élaboration de la politique éducative

1.1.1 L'expression de la politique éducative

L'expression de la politique éducative varie souvent, même au sein d'un pays : cette politique peut être intégrée dans un plan national de développement régulier (plan quinquennal par exemple) ; elle peut être initiée à la suite d'un changement politique ou à la suite d'états généraux de l'éducation réunissant tous les partenaires impliqués dans le secteur ; elle peut être suscitée par une réunion de bailleurs de fonds ou être inscrite dans une loi d'orientation, dans une constitution, dans un journal officiel ; elle peut être l'émanation du seul ministère de l'Éducation et inscrite dans un document de politique sectorielle ; elle peut faire l'objet de mises à jour régulières ou, au contraire, occasionnelles, etc.

En tant que telle, cette variété n'est pas problématique. Cependant, on observe parfois l'existence dans un même pays de plusieurs documents de politique éducative contradictoires sur certains points : des révisions ou des amendements de la politique éducative interviennent tandis que des textes fondamentaux restent en vigueur. On peut déplorer que ces révisions ou amendements ne soient pas officialisés. En fait, ils se produisent souvent au cours d'un exercice de planification sectorielle ou de programmation, à l'occasion en général de la préparation d'un projet important financé par l'aide extérieure ; ils révèlent ainsi une impréparation de la politique initiale.

Par ailleurs, cette variété peut avoir pour origine l'existence de plusieurs ministères ayant en charge l'éducation. Cette situation fréquente est souvent décriée par les planificateurs – cadres nationaux ou consultants extérieurs – car elle complique leur tâche. Elle peut être motivée par des raisons politiques ; la taille du secteur éducatif est souvent invoquée pour la justifier. Or, rien ne permet de dire que cette dernière justification soit *ad hoc*. Les observateurs étrangers le pensent souvent. Ils invoquent, eux aussi, la taille du secteur, qu'ils trouvent trop petite pour justifier plus d'un ministère, et la faiblesse des moyens, qu'il ne faut pas disperser. Toutefois, l'existence de deux ministères n'augmente pas dans des proportions très importantes les dépenses d'administration. Par ailleurs, si la taille du secteur éducatif paraît petite, elle ne l'est pas au regard des moyens. Enfin, dans les pays où les taux de scolarisation sont élevés, est-il juste de dire que la taille du secteur est petite ?

Le fait de déterminer la structure ministérielle en fonction de la taille des secteurs n'a cependant que l'apparence du bon sens. Sur le plan formel, confier la responsabilité de deux niveaux d'enseignement à deux directeurs d'administration plutôt qu'à deux ministres n'est pas en soi problématique si les moyens dont dispose chaque directeur sont semblables à ceux dont disposerait chaque ministre. Le critère déterminant doit être celui de la coordination des deux niveaux d'enseignement. Lorsque la responsabilité de chacun d'eux est confiée à un ministre, cette coordination doit s'effectuer au niveau du gouvernement ; en dernier ressort, c'est le Premier ministre qui devra arbitrer les éventuels conflits. Or, à la différence des relations entre les autres secteurs ministériels (Agriculture, Justice, Santé, Défense, etc.), les relations entre les deux niveaux d'enseignement sont directes et de nature technique. Il ne s'agit pas seulement d'arbitrer une allocation de ressources ou de veiller à la cohérence d'orientations politiques très générales. Les programmes scolaires des deux niveaux d'enseignement doivent être harmonisés, de même que la régulation des flux d'élèves ; la formation des formateurs est accomplie dans un niveau, mais elle doit essentiellement satisfaire les besoins du niveau précédent. Le respect de ces exigences s'observe plus difficilement au sein d'un conseil de ministres qu'au sein d'un même ministère. De fait, l'existence de plusieurs ministères d'éducation est souvent dirimante, car elle se traduit par un cloisonnement entre les politiques des sous-secteurs concernés (niveaux et/ou types d'enseignement).

Si les plans ou les programmes de développement éducatif sont élaborés par des techniciens de la planification, les documents de politique éducative ne sont pas toujours le fait de personnes qui ont la compétence nécessaire ; ils peuvent aussi émaner de cadres ayant des intérêts divergents sans être contrôlés par une instance qui a une vision globale et suffisamment technique du système éducatif ; par ailleurs, pour des raisons légitimes de souveraineté politique, ils bénéficient rarement d'une assistance technique extérieure, qui peut leur garantir une certaine qualité technique (loin cependant d'être indiscutable). Ainsi, ils contiennent parfois des défauts techniques rédhibitoires.

Prenons deux exemples de ces défauts d'expression de la politique éducative : le premier est extrait d'un Énoncé de politique éducative (datant de 1995) et le second, d'un Journal officiel (datant de 1993).

L'énoncé de politique éducative (1995)

Nous reproduisons ci-dessous un extrait d'un énoncé de politique éducative de 1995 relatif à l'enseignement primaire d'un pays d'Afrique subsaharienne (les numéros entre parenthèses en gras sont de notre fait) :

« Amener le taux net de scolarisation des enfants d'âge scolaire de 62,83 % en 1993, à 70 % en 2000, à 80 % en 2005, à 97 % en 2015 **(1)**, ce qui signifie :

augmenter le taux net d'admission en classe de 11ᵉ de 62 % de 1994 à 95 % en l'an 2000 **(2)** ;

maintenir le taux net d'admission aux environs de 97 % jusqu'en l'an 2017.

(...) ;

amener 60 % des élèves scolarisés dans le primaire à la fin du cycle en 2005 **(3)**, dont 80 % en classe de 9ᵉ, en :

réduisant de moitié le taux d'abandon par année d'études actuel à partir de 1997-98 ;

- diminuant le taux de redoublement en 11ᵉ de 10 % par an jusqu'en l'an 2000, c'est-à-dire de 45 % de 1993-94 à 5 % en l'an 2000 **(4)** ;

diminuant les taux de redoublement des classes de 10ᵉ, 9ᵉ, 8ᵉ et 7ᵉ de 10 % par an à partir de l'an 2000 et en augmentant progressivement le taux de promotion ;

adoptant la promotion automatique de la classe de 11ᵉ à la classe de 10ᵉ à partir de 2011.

(...) »

Certains objectifs sont mal formulés et d'autres ne sont pas cohérents. La formulation de la mesure **(2)** révèle une analogie fautive entre le taux de scolarisation et le taux d'admission. Le taux net rapporte l'effectif des nouveaux admis qui ont l'âge théorique d'entrée à l'école (6 ans, par exemple) à la population totale du même âge. L'amélioration de ce taux peut être obtenue de deux manières : par une augmentation de l'admission ou par une réduction du pourcentage des nouveaux admis dont l'âge est inférieur ou supérieur à l'âge théorique d'entrée (en supposant que la place libérée par un enfant de cet âge permette d'accueillir un enfant de 6 ans). Si le taux net d'admission est égal à 100 % et que l'âge théorique d'entrée est de 6 ans, cela signifie qu'aucun nouvel admis n'a plus ou moins de 6 ans. Ce n'est certainement pas l'objectif recherché. Si l'on souhaite formuler un objectif d'accroissement de la scolarisation primaire, c'est le taux brut d'admission que l'on doit utiliser. Or ce taux était alors proche de 100 % (selon les données démographiques disponibles). L'objectif de scolarisation universelle (dans le sens d'un taux net de scolarisation voisin de 100 %) ([objectif **(1)**] ne serait atteint que si le taux brut d'admission restait égal à 100 %.

L'objectif **(3)** est imprécis. Signifie-t-il que 60 % des enfants admis en 11ᵉ en 2005 parviendront à la fin du cycle primaire ou que les enfants ayant atteint la fin du cycle en 2005 représenteront 60 % de leur cohorte de départ ?

La mesure **(4)** est inexplicable. Si l'on diminue 45 % de 10 % par an, on n'obtient 5 % ni après 6 ans (si 2000 signifie 1999-2000) ni après 7 ans (si 2000 signifie 2000-01). Le constat est identique que 10 % signifient 10 points de pourcentage ou que 10 % signifient 4,5 points de pourcentage.

Le Journal officiel (1993)

Ce journal officiel de 1993 d'un autre pays d'Afrique subsaharienne fixe comme objectif pour l'enseignement primaire d'atteindre un taux brut de scolarisation de 65 % en 1998. La sensibilité du taux brut de scolarisation aux hypothèses de croissance démographique rend très inopportun le choix de cet indicateur, d'autant plus que le JO n'indique pas ces hypothèses et qu'elles divergent selon les sources d'information (direction de la Prévision et de la statistique du ministère de l'Économie, des finances et du plan ou Programme de développement des ressources humaines). Une croissance de la population scolarisée qui permettrait d'atteindre un TBS de 65 % en 1998, sous l'hypothèse d'un taux de croissance de la population scolarisable de 3,4 %, se traduirait par un TBS de 60,8 % sous l'hypothèse d'un taux de croissance de la population scolarisable de 4,3 % ! S'il s'agissait de progresser de 30 points de pourcentage, cet aléa serait acceptable, mais il s'agissait en fait de passer de 58 % à 65 % !

D'autres défauts peuvent résulter du caractère opportuniste du discours politique, qui vise avant tout à satisfaire des groupes de pression, des électeurs ou des opinions ; et l'horizon lointain des conséquences d'une politique éducative, dont l'évaluation est par ailleurs incertaine, protège d'une éventuelle sanction. Prenons pour exemple une loi d'orientation sur l'éducation datant de 1994 :

> « Article 2 : La Nation se fixe comme objectif de conduire d'ici à 2015 l'ensemble d'une classe d'âge au niveau du Diplôme de Fin d'Études Élémentaires et 30 % au niveau du baccalauréat général, technique ou professionnel.
> Article 3 : La formation scolaire est obligatoire entre six et douze ans. »

Bien que les deux articles successifs ne soient pas formellement contradictoires, ils le sont dans la réalité. En effet, en 1994 le taux net de scolarisation était inférieur à 50 %. Dans l'article 2, on reconnaît implicitement la faiblesse de ce taux. Dès lors, quel sens donner à l'article 3 ?

Ces défauts d'expression de la politique éducative ne concernent pas tous directement le financement. Toutefois, ils présentent déjà une faille dans laquelle peut se faufiler la loi implacable de la contrainte financière. Or, l'une des spécificités du financement des systèmes éducatifs des pays d'Afrique subsaharienne tient à ce qu'il est issu de nombreuses sources, du fait notamment de la présence importante et multiforme de l'aide extérieure. La faiblesse d'une politique éducative initiale peut alors constituer un abandon de fait de la souveraineté nationale et laisser libre cours aux luttes d'influence des grands bailleurs de fonds pour la détermination des plans et des programmes.

Plus les documents de politique éducative sont de faible qualité, plus ils donnent de liberté aux concepteurs des plans et des programmes. Souvent, ces plans et programmes sont demandés par les bailleurs de fonds qui en appuient en outre l'élaboration ; il arrive parfois qu'ils les conçoivent eux-mêmes.

Cette intervention des bailleurs de fonds n'est pas en soi mauvaise. Au contraire ; dans bien des pays, elle a comblé un grand vide entre la politique et la budgétisation. Mais elle serait plus efficace et mieux intégrée, si elle était précédée par l'élaboration d'une politique claire qui affirme sans ambiguïté les choix nationaux.

Elle peut avoir cette qualité sans être nécessairement trop précise. Si les objectifs qualitatifs ne peuvent pas être quantifiés, les objectifs de scolarisation devraient être fixés en termes de fourchettes et des priorités devraient être établies. Il s'agit d'encadrer au mieux un travail ultérieur de planification et de programmation.

La politique éducative doit présenter une cohérence et une qualité technique pour avoir une force. Elle doit également appréhender les trois premières caractéristiques du financement : l'évaluation des coûts, l'évaluation des capacités de financement et le partage du financement. Nous pouvons, ici, regrouper les deux premières caractéristiques car l'impératif majeur est l'adéquation, ne serait-ce qu'approximative, entre les coûts et les capacités. D'autre part, ces évaluations sont normalement le fait des services de planification, et la politique ne doit que s'en instruire.

1.1.2 La prise en considération des contraintes financières

Souvent, les politiques s'expriment en un catalogue de mesures destinées à améliorer tous les aspects du système éducatif : scolarisation primaire universelle, développement des niveaux secondaire et supérieur, développement de l'enseignement technique, amélioration de la qualité à tous les niveaux, renforcement institutionnel, etc.

Si parfois, quoique de plus en plus rarement, les contraintes financières sont « oubliées », la solution de financement prend souvent la forme de vœux pieux : les sources de financement – collectivités locales, ménages, aide extérieure – dont le contrôle échappe dans une large mesure au pouvoir central sont invoquées sans que l'on ait la moindre garantie quant à leurs possibilités.

Comme le précédent, ce défaut peut être corrigé – mais il ne l'est pas toujours – lors de la phase de planification-programmation soit par une réduction des objectifs soit, plus rarement, par l'adoption de mesures concrètes pour s'assurer de l'augmentation de la participation des sources de financement invoquées.

Le déni initial des contraintes financières a un effet pervers assez grave, car c'est alors la contrainte financière, et elle seule, qui définit la politique effective. Le déni des contraintes financières remet en cause l'idée même de politique : plutôt que de choix *a priori*, les activités effectives dépendent alors des contraintes qui pèsent sur l'engagement des dépenses. Certaines d'entre elles ont en effet une forte autonomie du fait des statuts et des règlements qui les régissent et seront financées en priorité, même si cette priorité est en contradiction flagrante avec la politique énoncée. Dans ce contexte, les dépenses de fonctionnement prennent le pas sur les dépenses d'investissement ; parmi les premières, les dépenses de salaires et de bourses précèdent les dépenses de matériel : les objectifs qualitatifs sont sacrifiés au bénéfice des objectifs quantitatifs.

En effet, il est beaucoup plus facile de préciser les objectifs quantitatifs, les taux de scolarisation notamment, que les objectifs qualitatifs ; la plupart des documents de politique éducative indiquent notamment des objectifs précis de taux de scolarisation. Dès lors, les contraintes financières agissent essentiellement en empêchant la réalisation des objectifs qualitatifs. Dans notre schéma 1, les conséquences de ce défaut concernent à la fois l'équilibre entre l'investissement et le fonctionnement et l'efficacité des activités.

Il est probable que ce phénomène explique en partie la faible qualité de l'éducation en Afrique subsaharienne. Certes, il est toujours regrettable que de nombreux enfants africains ne soient pas scolarisés, mais les taux bruts de scolarisation[6] du continent ne sont somme toute pas si éloignés de 100 %. Dans un certain nombre de pays, ce taux a atteint ou dépassé cette valeur, il est en moyenne proche de 75 %. En revanche, la faible qualité de l'éducation est partout déplorée, même dans les pays où la scolarisation est universelle.

L'arbitrage entre la quantité et la qualité de l'éducation en Afrique subsaharienne est l'objet d'un débat qui reste largement ouvert. Certains pensent qu'il est primordial de développer la scolarisation, escomptant une synergie favorable au développement économique. Cette synergie a été observée au Brésil[7]. Toutefois, on ne dispose pas d'observations suffisantes pour affirmer qu'il est préférable de développer la scolarisation, quel que soit le niveau de la qualité. Par ailleurs, si la densité d'éducation a certainement une importance, elle peut être variable d'une région à l'autre au sein d'un même pays, et l'idée que le développement d'un pays puisse passer par des pôles (« pôles de développement ») n'est pas déraisonnable.

D'autres récusent l'idée même d'arbitrage, de dilemme entre la quantité et la qualité. Trois arguments étayent leur thèse :

- l'amélioration de la qualité peut permettre, sans augmentation des coûts, de scolariser plus d'enfants en diminuant nettement les redoublements. Cet argument est valable quoique d'une importance exagérée ; il est notamment caduc dans les pays où l'on pratique la promotion automatique ;

    il est possible de mieux gérer les ressources disponibles et d'améliorer ainsi la qualité comme la quantité. Pourtant, le problème de l'arbitrage quantité/qualité demeure théoriquement, quelle que soit

---

6. Le taux net de scolarisation est un meilleur indicateur de la scolarisation des enfants, mais le taux brut de scolarisation est un meilleur indicateur de la capacité d'accueil.

7. Jamison, D.T., L.J. Lau, S.C. Liu et S. Rivkin (1993), "Education and Economic Growth: Some Cross-Sectional Evidence from Brazil", *Journal of Development Economics*, n° 41, 45-70. Pour les 23 États brésiliens, cette étude a permis d'évaluer à une moyenne de trois à quatre années d'éducation de la population active le seuil à partir duquel l'investissement éducatif devient efficace.

l'efficacité interne. Dire qu'il serait ainsi pratiquement résolu revient à placer beaucoup d'espoir dans cette amélioration de la gestion des ressources ;

- l'amélioration de la qualité aurait pour effet de modifier la contrainte financière globale, en entraînant une participation accrue des populations au financement. Cet argument, comme les précédents, contient une part de vérité. Toutefois, il faut un certain temps avant que l'amélioration de la qualité de l'éducation ne soit perçue par la population ; d'autant plus long que la population est peu éduquée ; au plus tôt lorsque les résultats scolaires la manifestent ; au plus tard, lorsque le diplôme donne accès à un emploi rémunérateur. C'est précisément cette utilité individuelle du diplôme qui détermine la demande de scolarisation, notamment dans les pays les moins développés. Or, elle est essentiellement relative et le système éducatif peut jouer un rôle de filtre même si la qualité de l'éducation est mauvaise. On a parlé en Afrique subsaharienne de « syndrome » ou de « maladie » du diplôme » pour désigner un attachement excessif au signe[8] : cet attachement est paradoxalement d'autant plus fort que les compétences que le diplôme est censé représenter ne sont pas facilement perceptibles, ce qui est le cas lorsque la qualité de l'éducation est mauvaise. La priorité donnée à la quantité alimente ce processus de course au diplôme, dans la mesure où elle favorise un « surdimensionnement » du système éducatif eu égard aux besoins du marché du travail. En effet, la poursuite d'études n'a plus alors d'autre but qu'un meilleur placement dans la file d'attente qui se constitue pour les (rares) emplois disponibles.

Quoi qu'il en soit, il est indéniable que quantité et qualité ne sont pas deux dimensions indépendantes ; c'est d'ailleurs pourquoi il est préférable de parler de « combinaison » plutôt que d'« arbitrage » quantité/qualité. Aux arguments que l'on vient d'évoquer, on peut ajouter l'exemple suivant : l'amélioration de la qualité est de nature à augmenter la demande d'éducation. Or, si les capacités d'accueil ne sont pas saturées, on pourra satisfaire cette demande sans augmenter les dépenses. L'augmentation de la quantité qui en résultera entraînera à son tour une diminution de la qualité (taille des classes accrue)[9].

---

8. Dore, R. (1997), *The Diploma Disease: Education, Qualification and Development*, Londres, Institute of Education.
9. On a observé au Maroc que l'amélioration de la qualité des constructions scolaires et des équipements entraînait une demande accrue de scolarisation. Voir Jarousse, J.-P. et Mingat, A. (1993), *Analyse des déterminants de la scolarisation en milieu rural au Maroc*, Da Nach Al Maarifa, Rabat.

Il est possible de formaliser, de manière plus ou moins précise, le problème de la combinaison optimale entre la quantité et la qualité de l'éducation. La difficulté réside dans l'estimation des fonctions qui la déterminent : relation entre le coût unitaire d'enseignement et les performances scolaires, et entre ces performances et les bénéfices économiques et sociaux ; impact de la qualité sur le rendement scolaire. La nature même du problème exige que l'on puisse appréhender la relation entre la densité d'éducation et les effets externes de celle-ci et que l'on établisse une mesure de l'équité sociale et une fonction de préférence entre cette équité et l'efficacité économique. On dispose d'un certain nombre d'estimations ponctuelles de ces différentes fonctions. Elles varient assez sensiblement selon les pays et les époques, et leur fiabilité est pour la plupart médiocre. Leur synthèse, par conséquent, serait trop aléatoire.

Ce n'est pas le lieu ici de résoudre ce problème. Cependant, quelle que soit sa solution, il importe de noter qu'il existe, du fait du déni des contraintes financières, un biais involontaire au détriment de la qualité. Dans de nombreux cas, il est possible que les responsables de la politique éducative auraient préféré une scolarisation moindre mais d'une meilleure qualité s'ils avaient eu explicitement à choisir entre des combinaisons quantité/qualité précises et déterminées en tenant compte des contraintes financières.

On peut en trouver une preuve dans la programmation des charges récurrentes des investissements. Lorsqu'il s'agit de prévoir les moyens nécessaires au fonctionnement de nouvelles écoles ou de nouvelles salles de classe, on adopte des critères d'efficience qui, sans être trop généreux, sont souvent très éloignés des dotations dont bénéficient les écoles existantes. Cette attitude, qu'elle vise à créer des îlots de qualité ou qu'elle résulte d'un conformisme utopique (adoption de critères dominants sans rapport avec les contraintes que subit le pays) a cependant peu de chances de se concrétiser (section 1.3.1.3).

Le déni des contraintes financières est donc de nature à provoquer un biais dans l'équilibre entre la quantité et la qualité de l'éducation. Par ailleurs, une autre raison déjà évoquée peut expliquer ce biais : la divergence entre les intérêts politiques immédiats des décideurs et les intérêts à long terme de la nation. Le temps de l'éducation, de la décision politique jusqu'à la scolarisation effective et complète des enfants, voire jusqu'aux bénéfices individuels et collectifs de cette scolarisation, est très long, au minimum de cinq ans, au maximum d'une vingtaine d'années.

Le temps des politiques est souvent beaucoup plus court, et la satisfaction des souhaits éducatifs immédiats de leur clientèle se traduit avant tout par l'ouverture d'écoles primaires et un meilleur accès aux niveaux d'études secondaire et supérieur.

Le biais que cette divergence d'intérêts produit dans l'équilibre entre la quantité et la qualité se double d'un autre biais dans l'équilibre entre les niveaux d'enseignement. En effet, malgré leur infériorité numérique, les élèves du secondaire, les étudiants du supérieur et leurs familles ont, du fait de leur niveau d'études et de leur concentration dans les zones urbaines, un pouvoir de pression plus fort sur les hommes politiques que les parents d'élèves du primaire, dispersés et, pour la plupart, analphabètes.

1.1.3 Le partage du financement

On n'accorde pas en Afrique subsaharienne la place qu'il mérite au problème du partage du financement. Cela peut être en partie dû au fait qu'il ne présente pas une importance aussi grande dans les pays développés. Or, cette question se pose avec d'autant plus d'acuité en Afrique subsaharienne que les sources de financement y sont nombreuses et que les garanties du financement y sont difficiles à assurer (deux phénomènes que l'on n'observe pas dans les pays développés).

Avant d'examiner la conception du partage du financement au cours de la phase d'élaboration de la politique, il convient d'en montrer les enjeux.

1.1.3.1 L'importance du problème

On peut tout d'abord distinguer deux situations : la première est celle où la garantie des financements n'est pas assurée, et où la décision initiale de partage du financement n'est pas respectée *in fine* ; la seconde est celle où cette garantie est assurée.

La première situation est fréquente en Afrique subsaharienne. Non seulement l'État n'est pas toujours en mesure de respecter ses engagements – les taux d'exécution des dépenses publiques ne sont pas toujours égaux à 100 % – mais les prévisions des dépenses des ménages et des bailleurs de fonds sont très incertaines.

Le fait que les prévisions de dépenses ne soient pas vérifiées est en tant que tel un problème important, mais il l'est d'autant plus que le financement est spécialisé. En effet, dans ce cas, le risque est grand qu'il y ait des déséquilibres dans les répartitions fonctionnelles des dépenses effectives ainsi que dans la répartition entre l'investissement et le fonctionnement.

Si le fonctionnement des écoles primaires publiques, par exemple, est financé, comme c'est souvent le cas, par plusieurs sources – l'État paie les salaires du personnel, les collectivités ont en charge l'entretien des locaux et du matériel, les ménages sont censés acheter les manuels et les fournitures scolaires, l'aide extérieure finance la formation continue des enseignants, voire une partie des manuels –, le risque est grand que tel ou tel poste de dépenses ne soit pas pourvu et que cela nuise à l'efficacité des dépenses effectuées.

D'une manière générale, on déplore souvent l'insuffisance du rapport entre les dépenses de fonctionnement et les dépenses de personnel. De même, l'insuffisance des manuels scolaires et le manque d'entretien des locaux et du matériel sont récurrents. Le déséquilibre des dépenses prend parfois des tournures plus manifestes, comme dans le cas des véhicules sans carburant.

De nombreuses études ont montré qu'à niveau de ressources égal, les écoles avaient des performances inégales. On peut probablement émettre des réserves quant à l'importance de cette inégalité au regard des différences entre pays ou entre régions. Il n'en demeure pas moins qu'à l'aune des mesures nationales, elle est indiscutablement importante. Une meilleure allocation des ressources actuellement disponibles améliorerait les performances. Plus précisément, si l'on s'en tient aux différences de performances internes à chaque pays, elle réduirait par le bas l'écart de performances, rapprochant les écoles les moins bonnes des meilleures.

Bien sûr, le déséquilibre éventuellement induit par le partage du financement ne représente qu'une partie du déséquilibre total dans la répartition des ressources. Toutefois, il n'est pas certain que l'autre partie soit due entièrement à de mauvais choix conscients ; que l'on commette par exemple l'erreur « technique » de ne pas consacrer suffisamment de ressources pour les manuels scolaires tandis que l'on en consacrerait trop aux constructions. Il est possible qu'elle résulte de phénomènes ni maîtrisés, ni même identifiés en tant que tels lors de l'élaboration progressive du projet éducatif, de la définition des orientations politiques jusqu'à l'exécution des dépenses.

Or, le partage du financement est probablement l'une des conditions favorables à l'existence de ces phénomènes, lorsqu'il s'accompagne d'une diversité des procédures de budgétisation et d'exécution des dépenses, ce qui est généralement le cas. En tout état de cause, l'équilibrage des différentes catégories de dépenses d'un ensemble d'activités intégrées est toujours plus facile à réaliser lorsqu'une source unique de financement est concernée.

Le problème est d'autant plus sérieux qu'il est difficile, voire impossible, de prévoir de façon précise toutes les dépenses au moment même des décisions de partage du financement – ce n'est d'ailleurs probablement pas opportun.

La suppression immédiate de ces inconvénients passe bien sûr par l'adoption d'un partage qui serait conforme à des sous-ensembles de dépenses relativement indépendants. L'État prendrait entièrement en charge les dépenses relatives à tel groupe d'écoles, voire à tel niveau d'études, l'aide extérieure à tel autre, etc. On perçoit bien sûr le caractère peu réaliste d'un tel partage. Toutefois, sans aller jusque-là, il est certainement possible d'éviter ou de limiter un partage du financement de postes de dépenses trop interdépendants. Remarquons cependant que la spécialisation du financement aurait constitué la clef du développement des pays d'Asie à forte croissance (Taiwan, Corée, Singapour, etc.) : une analyse historique des politiques éducatives suivies par ces pays mettrait en évidence une forte spécialisation de l'État dans les premiers stades de leur développement en faveur du financement d'un enseignement primaire de qualité (soutenu en particulier par l'offre de salaires très attractifs pour les enseignants), le secteur privé prenant en charge les autres niveaux d'enseignement[10].

On peut ici se pencher sur une question qui relève de cette interdépendance, quoiqu'elle soit plus générale : il s'agit de l'alternative, pour telle ou telle source de financement, entre le financement de l'investissement et le financement du fonctionnement.

C'est une question débattue depuis longtemps, notamment en ce qui concerne l'aide extérieure. Dès les premières réflexions sur le développement, on a conçu l'aide internationale comme un moyen de compenser l'insuffisance de l'épargne intérieure des pays du Tiers monde pour financer les investissements nécessaires au décollage économique. L'aide fut d'abord orientée vers des investissements plus classiques que l'éducation, notamment vers les infrastructures économiques et les industries

---

10. Mingat, A. (1995), *Towards Improving Our Understanding of the Strategy of High Performing Asian Economies in the Education Sector*, BAD, Manille, Philippines.

« industrialisantes ». C'est vers le milieu des années 70 que l'éducation commença à intéresser les donateurs. L'éducation était alors toute entière considérée comme un investissement, mais la spécialisation de l'aide a été appliquée à la structure interne des dépenses d'éducation. Dans un premier temps, l'aide extérieure a donc essentiellement financé les dépenses d'investissement des systèmes éducatifs ; elle continue souvent du reste à en financer la quasi-totalité. Toutefois, devant l'appauvrissement relatif des budgets publics, consécutif entre autres à l'expansion des systèmes sociaux, les projets d'aide extérieure ont pris progressivement en charge une partie des dépenses de fonctionnement de ces systèmes. Dès lors, la question de la spécialisation de l'aide extérieure est devenue plus ouverte.

La spécialisation de l'aide vers l'investissement a probablement contribué à accentuer le déséquilibre que nous avons évoqué ci-dessus entre la quantité et la qualité. Le financement des charges récurrentes des investissements a, certes, retenu l'attention des bailleurs de fonds dès le début des années 80, mais il reste aujourd'hui un problème non résolu. Le décalage temporel entre l'investissement et les charges récurrentes qu'il implique est souvent important et il peut être évoqué pour en rendre compte. Toutefois, il n'est pas rare de constater, au lendemain même de l'installation d'équipements, que les consommables nécessaires à leur fonctionnement font défaut. Prenons l'exemple du lycée Félix Éboué de N'Djaména, le plus grand lycée du Tchad (4 800 élèves). En 1996, ce lycée venait de recevoir une aide importante pour sa réhabilitation et son équipement. La réception des travaux n'avait pas encore eu lieu qu'une bonne partie des équipements électriques et sanitaires avait disparu, faute de moyens humains et matériels de surveillance. Par ailleurs, le budget de fonctionnement du lycée, principalement financé par les cotisations des parents d'élèves, ne permettait de financer que le salaire des agents contractuels, l'achat de papier et une partie des dépenses de la cantine scolaire. Il ne permettait en aucun cas d'assurer la maintenance des nouveaux équipements (matériel informatique, photocopieur, congélateur, etc.) ; le proviseur disposait d'un photocopieur assez puissant, mais il n'avait pas les moyens de renouveler la cartouche d'encre (200 000 FcFA) ; et aucun contrat d'entretien ne garantissait la maintenance des appareils.

On ne peut pas pour autant en conclure qu'il serait préférable que l'aide extérieure finance des dépenses de fonctionnement. En effet, l'engagement de l'aide extérieure est encore de courte durée : deux, trois, voire cinq ans tout au plus. La Banque mondiale est actuellement en train de mettre en place des programmes d'investissement sectoriel dont l'horizon sera de dix ans, ce qui est assurément une bonne chose, mais l'on ignore quelle sera la force de l'engagement des bailleurs impliqués dans ces programmes, au-delà de leurs propres cycles de programmation. Par conséquent, le financement de dépenses de fonctionnement, récurrentes donc, par l'aide extérieure est de nature à mettre les pays africains dans une situation de dépendance qui pourrait être préjudiciable en cas de cessation subite de l'aide pour telle ou telle raison.

Nous examinerons plus loin (chapitre 3) les solutions possibles à ce problème. Contentons-nous de noter ici son importance.

L'aide extérieure pose un autre problème : celui de l'opportunité du recours aux prêts. Très longtemps, on a assimilé les prêts aux dons. Les prêts accordés à la plupart des pays d'Afrique subsaharienne sont des prêts concessionnels qui, en moyenne, constituent des dons à 75 %. L'accroissement de la dette publique en Afrique subsaharienne a peu à peu sensibilisé les responsables et les cadres de ces pays à l'importance des 25 % restants. Lorsqu'un petit pays d'Afrique souscrit un prêt concessionnel de 30 millions de dollars assorti de cet élément de libéralité, cela équivaut financièrement à l'achat, au moment de la souscription, des biens et services que le prêt leur permet d'acquérir, au coût de 7,5 millions de dollars. Cela n'est pas négligeable, surtout si l'on considère les coûts unitaires de ces biens et services. En effet, l'assistance technique (consultations, expertises) et les constructions scolaires financées sur ces prêts sont souvent très coûteuses quand on les compare aux prix nationaux. Or, souvent plus de 50 % des prêts servent à financer ces deux catégories de biens et services. Il est probable que les responsables africains seraient plus circonspects s'ils devaient faire directement eux-mêmes l'achat de ces biens et services au quart de leur prix.

Il ne s'agit nullement de décrier l'assistance technique. Les tâches pour lesquelles elle est appelée sont censées avoir une importance en regard de laquelle son coût, bien qu'élevé, reste dérisoire[11]. Par ailleurs, ces tâches sont théoriquement telles que l'on ne peut trouver de substitut à cette assistance technique.

Mais justement, ces deux conditions ne sont pas toujours bien remplies. Il n'est pas rare que des consultations ou des expertises soient redondantes

---

11.Nous verrons du reste plus loin que cet argument peut être repris en faveur d'une augmentation des rémunérations des cadres nationaux occupant des positions stratégiques.

– chaque bailleur fera par exemple son étude « coût et financement » – ou qu'elles soient mal intégrées et par conséquent inutiles, ou que de bons rapports restent dans un placard. La structure des salaires nationaux rend parfois le recours à l'assistance technique extérieure incontournable pour effectuer des tâches qui auraient pu être accomplies par des nationaux un peu mieux rémunérés que les fonctionnaires. Il est vrai que l'on fait appel de plus en plus souvent à des consultants nationaux, mais cela ne va pas sans poser de problèmes et l'on a tendance à observer que leur coût est plus proche de celui des consultants internationaux que de celui des fonctionnaires.

Ajoutons encore qu'une bonne partie de l'assistance technique (un tiers environ) est relative à la mise en œuvre et à l'administration des projets. L'intégration de l'aide, du fait de ses modalités d'exécution, est coûteuse.

La décision de souscrire un prêt et son utilisation sont donc très importantes. Le recours à l'assistance technique devrait être mesuré et l'on devrait veiller attentivement à l'intégration de ses interventions. Les constructions scolaires, dont on sait que leur qualité a un impact très faible sur les performances des élèves, ne devraient pas être financées sur ces prêts. Que l'on pense qu'avec les 7,5 millions de dollars que représente le coût réel d'un prêt concessionnel de 30 millions de dollars, un pays comme le Sénégal pourrait fournir deux manuels scolaires à tous les élèves des classes élémentaires pendant 15 ans !

S'il est possible de limiter le partage du financement de postes de dépenses trop interdépendants, il est également possible, bien entendu, de réduire les risques possibles d'écart entre les prévisions et les réalisations. Et le partage du financement en est une occasion. Il s'agit tout simplement de confier à chaque source de financement les dépenses qu'elle est la mieux capable de prendre en charge ou, pour être plus rigoureux, les dépenses pour le financement desquelles elle a un avantage comparatif.

Le partage du financement est du reste souvent dirigé par cette spécialisation. Mais ce n'est pas toujours le cas. Le financement des manuels scolaires par les parents d'élèves est un bon exemple d'attribution discutable.

Dans la plupart des pays, les manuels scolaires du primaire sont en partie, voire en totalité, financés par les parents d'élèves. Ce financement peut être organisé de plusieurs manières – achat libre, vente ou location par l'école ou par les APE notamment –, mais il reste presque toujours à la discrétion des parents d'élèves. Or, dans les pays d'Afrique subsaharienne, cette disposition est très inefficace.

Il est admis par tous que la fourniture de manuels scolaires est l'une des actions les plus « coût-efficaces » qui soit pour améliorer la qualité de l'éducation. Il importe que tous les élèves disposent de manuels. Le mode de distribution privé n'est pas le plus adéquat pour atteindre cet objectif. Plusieurs arguments viennent justifier ce jugement :

le manuel scolaire est en partie un bien public, dans la mesure où la possession d'un manuel par un élève n'est pas indifférente aux autres élèves : le partage d'un manuel comporte des inconvénients ; une présence insuffisante de tel manuel dans une classe peut conduire le maître à ne pas l'utiliser dans sa pédagogie, et les élèves qui l'ont acheté sont lésés. La vente privée ne peut garantir l'acquisition des manuels par tous les parents d'élèves : la rationalité de l'achat est aléatoire ; dans les pays d'Afrique subsaharienne, la pauvreté et l'illettrisme de nombreux parents rendent l'achat libre peu probable. Pour rester dans la problématique de l'économiste, on peut ajouter que le consommateur – l'élève ou ses parents – n'est pas souverain ;

- rendre obligatoire l'achat des manuels pour s'assurer de leur présence dans les classes est difficilement envisageable. Cela nécessiterait des conditions – étendue du réseau de distribution, contrôle des prix, etc. – qui ne sont pas remplies dans toutes les régions des pays d'Afrique subsaharienne ;

- si l'achat des manuels pouvait s'effectuer, par principe, à n'importe quel moment de l'année, cela rendrait plus complexe la distribution. Le secteur privé aurait alors un avantage. Ce n'est pas le cas : l'acquisition des manuels scolaires doit principalement avoir lieu à un moment précis de l'année. Par ailleurs, un réseau de distribution spécifique et qualifié (les librairies) ne préexiste généralement pas ;

- la durée de vie d'un manuel est supérieure à la durée normale de son utilisation par un élève. La possession individuelle privée est d'autant moins opportune que la revente est difficile, ce qui peut être souvent le cas ;

- dans les classes à vacations doubles, si les manuels appartenaient à l'école plutôt qu'aux élèves, ils pourraient être utilisés par les deux groupes d'élèves, ce qui représenterait une économie non négligeable dans les pays où ce système est pratiqué (cela implique toutefois que les manuels restent à l'école).

Il y a certes des arguments en faveur de la thèse opposée. On ne discutera pas ici le point de vue largement idéologique selon lequel le privé serait *a priori* plus efficace que le public. On peut toutefois évoquer à cet égard les échecs des expériences sénégalaise et mauritanienne.

Dans le cadre d'un programme de développement des ressources humaines (PDRH2), un important système de fourniture de manuels scolaires pour le primaire (conception, production, distribution) a été mis en place au Sénégal en 1993. Sa réalisation a été tout à fait remarquable, excepté sur un point crucial : le mode de distribution des manuels.

Les manuels sont vendus aux particuliers (éventuellement à des associations). Pour l'essentiel, la direction de l'Administration générale et de l'équipement (DAGE) vend les manuels en gros à des distributeurs privés. Bien que les prix officiels des manuels, légèrement subventionnés, soient relativement peu élevés (entre 275 et 1 145 FcFA), les prix effectifs le sont beaucoup plus en raison d'une spéculation opérée par certains distributeurs. Ainsi, les manuels sont-ils proposés dans les librairies « par terre » à un prix pouvant être quatre à cinq fois supérieur au prix officiel. Naturellement, les parents d'élèves ont beaucoup de difficultés à les acheter.

En Mauritanie, les manuels sont produits par l'Institut pédagogique national à un très faible coût mais, à la différence du Sénégal, ils sont distribués dans des kiosques appartenant à cet Institut. Cela n'a pas empêché la création d'un marché privé spéculatif : les commerçants achètent de grandes quantités de manuels, les stockent et les vendent à des prix bien supérieurs au prix de vente en kiosque. La précaution qui a consisté à confier la distribution au service public s'est avérée vaine : de fait, une grande majorité d'élèves est toujours dépourvue de manuels.

On peut penser que le manuel scolaire est un bien dont l'utilité tangible est de nature à encourager la participation des parents d'élèves au financement de l'éducation. Pourtant, cette utilité n'existe que lorsque tous les élèves disposent du manuel. Le problème est précisément de faire en sorte qu'il en soit ainsi.

Si les parents payent le manuel, il est possible qu'ils en prennent mieux soin. Cependant, une distribution publique n'empêche pas ce paiement.

L'achat libre est peut-être plus propice à ce soin, mais cela ne constitue pas un argument suffisant en faveur de la privatisation, dès lors qu'elle est inefficace à assurer une disponibilité complète des manuels dans les classes.

Il faut insister sur l'inefficacité de l'achat privé, tant les tenants de la privatisation semblent convaincus de ses vertus. La liberté de l'achat est intrinsèque à la privatisation ; cette liberté implique logiquement la possibilité du non-achat ; elle est donc incompatible avec l'objectif de la disponibilité effective complète des manuels dans les classes. La variation possible du prix en fonction de l'offre et de la demande est l'un des corollaires de la privatisation ; or, dans la plupart des expériences de privatisation de la distribution des manuels, leur prix est fixe. Par ailleurs, comme l'illustrent bien les exemples sénégalais et mauritanien, le fonctionnement efficace d'un marché requiert des conditions qui sont très rarement réunies en Afrique subsaharienne, notamment dans les zones rurales.

On peut trouver choquant, voire scandaleux, que la disponibilité des manuels scolaires soit faible dans la plupart des pays d'Afrique subsaharienne ; que l'on en soit encore à confectionner des projets dans lesquels on prévoit la possession de deux manuels par élève, voire le partage des manuels, tandis que tout le monde reconnaît le caractère indispensable de cette disponibilité, que son efficacité a été empiriquement prouvée et que son coût est relativement faible.

Si le financement des manuels scolaires dans le primaire par les parents d'élèves n'est pas sûr, on doit juger néanmoins de son opportunité au regard des autres financements qu'ils peuvent prendre en charge. Les fournitures scolaires (cahiers, crayons, etc.), à la différence des manuels, sont utilisées même lorsqu'elles ne sont pas possédées en quantité requise par tous les élèves ; toutefois, leur disponibilité effective n'est guère meilleure que celle des manuels. En revanche, les taux de recouvrement des droits d'inscription sont souvent assez élevés et les ménages participent volontiers aux constructions scolaires lorsqu'elles signifient pour eux la condition *sine qua non* de la scolarisation de leurs enfants.

L'importance du partage du financement n'est pas seulement due à la possibilité d'un écart entre les prévisions et les réalisations de dépenses ou à l'impossibilité même de tout prévoir. Elle tient également aux deux raisons suivantes :

- les coûts ne sont pas indépendants du mode de financement : les sources de financement n'ont pas toutes la même efficacité pour toutes les catégories de dépenses ; le groupement d'achats permet de réduire les prix (nous l'avons déjà évoqué à propos des manuels scolaires, on peut aussi l'évoquer à propos des constructions scolaires et des équipements) ;
- la fixation des contributions des différentes sources de financement, notamment de l'État et des ménages, doit tenir compte de l'équité.

Le partage du financement ne conditionne pas seulement l'efficacité de la mobilisation des ressources, mais aussi son caractère plus ou moins équitable. Le problème de l'équité se pose surtout pour la répartition entre le financement individuel et le financement collectif.

L'équité concerne en premier lieu l'importance relative de l'enseignement privé aux différents niveaux d'études, et l'opportunité pour l'État de le subventionner.

L'équité concerne également les contributions individuelles dans les établissements publics d'enseignement. Au vu des taux de rendement privés, on a coutume de penser que la contribution individuelle des étudiants devrait être beaucoup plus élevée qu'elle ne l'est actuellement. La solution qui paraît la plus juste est celle de l'octroi de prêts aux étudiants ; elle ne compromet notamment pas l'accès des plus démunis à l'enseignement supérieur. Quelques expériences ont été tentées ici ou là, mais sans succès. Les raisons de l'échec tiennent en général à la faiblesse de l'État de droit dans les pays d'Afrique subsaharienne.

L'équité concerne enfin le financement des formations spécialisées, au niveau de l'enseignement supérieur comme au niveau de l'enseignement secondaire technique et professionnel. Dans la mesure où cet enseignement bénéficie de manière spécifique à certaines branches d'activité professionnelle, voire à certaines entreprises, sans être utile ailleurs, il serait juste qu'il soit financé, du moins en partie, par ces bénéficiaires.

1.1.3.2 La prise en considération du partage du financement

Il est fréquent que le partage du financement soit appréhendé dans les textes qui fondent la politique éducative. Toutefois, il ne l'est ni complètement ni systématiquement et, très souvent, cette prise en considération ne consiste qu'en un recours à une participation accrue des sources de financement complémentaires au budget de l'État, insuffisant à financer les améliorations souhaitées. Lorsqu'il s'agit d'augmenter la participation des ménages, des communautés ou des collectivités locales, aucune mesure n'est prise pour garantir cette augmentation. En ce qui concerne l'aide extérieure, il s'agit souvent de simples appels à la générosité internationale.

D'une manière générale, il n'y a pas dans la phase d'élaboration de la politique, comme du reste dans les phases suivantes, une mise en place claire et motivée du partage du financement. Le fait que plusieurs sources de financement puissent prendre en charge un même poste de dépenses le prouve à l'évidence. Dans de nombreux pays (c'est le cas par exemple au Bénin et au Sénégal), les manuels scolaires du primaire sont ainsi financés par plusieurs sources : le budget de l'État, les parents d'élèves et l'aide extérieure. Or, on ne voit guère de raisons qui puissent justifier ce partage d'un point de vue économique.

Si, de fait, il y a un partage relativement stable du financement, il semble avoir été plutôt subi que choisi. Naguère, dans beaucoup de pays, le budget de l'Etat finançait des dépenses de fonctionnement, notamment pour les manuels et les équipements des écoles primaires publiques. Avec la crise des finances publiques, ce financement s'est progressivement réduit pour disparaître totalement dans certains cas (comme au Burundi, par exemple).

On peut dire, de manière approximative, que dans l'enseignement public de l'ensemble des pays d'Afrique subsaharienne, l'État finance les dépenses de personnel à tous les niveaux, les dépenses de fonctionnement de l'administration centrale, une partie de celles du secondaire, et octroie une subvention de fonctionnement à l'université ; les familles financent les fournitures scolaires et les manuels, participent aux constructions scolaires dans le primaire, et paient des droits d'inscription dans le secondaire et le supérieur ; les collectivités locales financent une partie des constructions et du fonctionnement des écoles primaires ; l'aide extérieure finance la quasi-totalité de l'investissement – investissement immatériel sous forme de projets de renforcement institutionnel dans l'administration, investissement matériel sous forme de constructions scolaires et d'équipements – une partie assez importante des manuels scolaires et une partie du fonctionnement.

Le financement des dépenses de fonctionnement (hors dépenses de personnel) du système éducatif est mal assuré. Confier le financement du fonctionnement des écoles primaires, y compris l'achat des fournitures scolaires et des manuels, aux familles et aux collectivités locales, n'est pas nécessairement une mauvaise chose. Cependant, ce financement devrait être garanti, ce qui n'est pas le cas en général ; plutôt qu'un partage du financement, il s'agit d'un transfert de responsabilité.

Nous avons dit plus haut que l'aide extérieure finançait de plus en plus souvent des dépenses de fonctionnement. Ce n'est pas faux, mais il convient de noter que le montant de ce financement reste très faible, contrairement à une idée reçue. L'illusion peut provenir d'une comptabilisation erronée des dépenses de fonctionnement, qui les confond avec les dépenses dites « ordinaires » selon la classification économique. Une grande partie des dépenses ordinaires financées par l'aide extérieure – personnel international, biens et services destinés au fonctionnement des bureaux-projets – relève de l'investissement immatériel. En tout état de cause, il ne s'agit pas de dépenses récurrentes, au sens où leur non-renouvellement n'implique aucune dégradation du fonctionnement régulier du système (nous reviendrons sur ce problème de la distinction entre l'investissement et le fonctionnement). Au Tchad par exemple, l'un des pays les plus fortement aidés d'Afrique subsaharienne – l'aide finançait environ la moitié de toutes les dépenses du système d'enseignement public[12] –, moins de 10 % de l'aide en 1995 étaient destinés au fonctionnement du système (sans compter toutefois les dépenses pour l'alimentation des élèves, s'élevant à 39 %).

Pour l'ensemble de l'Afrique subsaharienne, l'aide extérieure représente environ 10 % des dépenses publiques d'éducation. Si la structure de l'aide extérieure est en moyenne semblable à ce qu'elle est au Tchad, l'aide extérieure ne finance qu'environ 2 % de l'ensemble des dépenses de fonctionnement. Ces calculs sont très approximatifs, il ne faut retenir ici que les ordres de grandeur.

La répartition fonctionnelle effective des ressources est fréquemment déséquilibrée en Afrique subsaharienne. Une partie de ce déséquilibre est due au partage du financement. La politique devrait en tenir compte. Il est vrai toutefois que la définition *a priori* de l'affectation de l'aide extérieure reste une opération difficile.

Toujours en ce qui concerne l'aide extérieure, si les projets sont conçus en collaboration avec les ministères de l'Éducation, l'interlocuteur officiel des partenaires extérieurs est généralement le ministère chargé de la coopération (qui est aussi la plupart du temps chargé du plan). Les conventions de financement sont parfois exclusivement signées par

---

12. Et nous ne comptabilisons pas dans l'aide extérieure l'aide budgétaire ciblée de l'Union européenne.

ce ministère. Lorsqu'il s'agit de prêts, le ministère de l'Éducation n'est pas dans une situation où il a un intérêt à veiller aux arbitrages dans l'utilisation des ressources.

1.1.4 Conclusions

La phase d'élaboration de la politique occupe une place tout à fait particulière dans le processus de projet : elle en est le point de départ mais aussi le produit. La politique, comme choix raisonné sous contrainte, s'élabore à travers la connaissance des alternatives dégagées par les phases ultérieures qui précisent ce qui peut être fait et de quelle manière (et *via* la prise en compte des leçons des politiques passées) ; elle s'élabore également en fonction des caractéristiques du financement qui fixent concrètement la contrainte qui borne les choix.

L'analyse à laquelle nous venons de nous livrer a permis de préciser les difficultés qui sont propres à l'élaboration de la politique comme phase spécifique du projet et celles qui sont liées à l'intégration des caractéristiques du financement.

Reprenons d'abord les difficultés spécifiques à la phase d'élaboration de la politique :

- définir une politique, c'est choisir en tenant compte des ressources mobilisables et de l'utilité des actions envisagées. Choisir, c'est renoncer. L'élaboration de la politique est en ce sens un exercice particulièrement difficile : les coûts sont immédiats, mais les bénéfices, lointains et incertains. La tentation est grande alors de ne pas choisir ou de tout choisir ; le choix effectif étant dicté par une contrainte financière que l'on peut présenter après coup et abusivement comme un élément totalement exogène (la crise, par exemple) ;

- dans le même esprit, certains choix sont plus difficiles que d'autres. Dans l'arbitrage quantité/qualité, on privilégie souvent la première dimension du fait des difficultés techniques liées à la définition et à la mise en œuvre de la qualité, mais aussi en raison du coût social plus élevé à court terme du choix opposé ;

- enfin, il est difficile de choisir lorsque l'on ne maîtrise pas les différentes dimensions et conséquences du choix. Les choix seront donc d'autant plus imprécis, mal formulés et contradictoires que les services opérationnels (en particulier ceux qui ont en charge la planification et la programmation) auront du mal à documenter les alternatives possibles en en détaillant à la fois les coûts et les effets attendus.

Quant à la prise en compte de la contrainte et des caractéristiques du financement :

- il n'y a de choix, et donc de politique, qu'à travers la manifestation d'une contrainte. Négliger la contrainte revient alors à ne pas choisir ou à laisser la contrainte arbitrer, comme nous l'évoquions précédemment ;

- les caractéristiques du financement, sa non-neutralité sont, en retour, susceptibles d'altérer la politique et la cohérence du projet dans son ensemble. Le fait que l'on ne tienne pas suffisamment compte des ressources mobilisables renvoie à la négligence de la contrainte de financement. Pour sa part, le partage du financement correspond à une « technologie » qui doit être maîtrisée. Les garanties offertes par les différents financeurs quant à leur engagement effectif, la reconnaissance de leur(s) avantage(s) comparatif(s) mais aussi la discussion des avantages et des inconvénients de leur spécialisation, constituent des éléments liés au financement qui doivent être intégrés dans la phase d'élaboration de la politique, au même titre que ceux qui concernent la technologie éducative proprement dite (coût et efficacité des différents modes d'organisation).

1.2 Phase 2 : la planification-programmation

Comme nous le notions précédemment, l'activité de planification-programmation a un double objectif :

- en premier lieu, elle offre un cadre d'analyse et d'évaluation des politiques passées tant au niveau technique (efficacité interne et efficacité externe) qu'au niveau financier (coût). L'examen des performances du système, la réalisation d'études coût-efficacité, l'analyse critique des politiques passées, assurent progressivement une connaissance de la technologie de production et des alternatives de développement du système qui alimente la définition de politiques nouvelles ;

- en second lieu, elle assure la traduction concrète des décisions de nature politique en activités et articule ces activités en programmes.

Idéalement, la maîtrise du premier objectif facilite singulièrement la réalisation du second, dans la mesure où les autorités politiques ont à choisir entre différents programmes structurés dont les effets attendus et les coûts sont au moins grossièrement connus. La politique définit alors des priorités et retient les programmes qui y répondent.

Dans les faits, la phase de planification-programmation ne correspond que très imparfaitement à cette description.

C'est le cas lorsque l'activité du ministère de l'Éducation nationale (MEN) ne se présente pas comme une politique au sens où nous l'avons définie précédemment. L'absence de choix conduit à une gestion routinière du système qui correspond plus ou moins à la reproduction des mêmes activités d'une année sur l'autre.

C'est le cas lorsque la politique éducative effective du gouvernement, quels que soient les efforts déployés par le ministère de l'Éducation, se définit en grande partie à travers les seuls arbitrages des ministères des Finances et du Plan.

C'est le cas, enfin, lorsque le potentiel technique du service de planification du MEN et sa position relative par rapport aux autres services ne sont pas à la hauteur de la tâche à accomplir, ce qui est fréquent.

Nous examinerons brièvement ces éléments qui forment les conditions de la planification-programmation, avant d'aborder plus spécifiquement les procédures qu'elle met en œuvre.

1.2.1 Les conditions de la planification

Les ministères de l'Éducation ont tous en leur sein un service (ou une direction) chargé de la planification, auquel incombe naturellement l'élaboration des plans et des programmes[13]. Cette tâche n'est pas simple. Elle nécessite une maîtrise intellectuelle de l'ensemble du système éducatif ; la conception d'un modèle de planification ; des calculs peu sophistiqués d'un point de vue mathématique, mais qui peuvent être complexes ; et des estimations statistiques qui ne sont pas toujours évidentes. Certes, la micro-informatique l'a facilitée[14]. Mais elle requiert

---

13. Pourtant, ils sont souvent exclus de la préparation des programmes d'investissement public (PIP). C'est le cas au Sénégal notamment : « Les services de planification du ministère de l'Éducation nationale (DPRE) qui doivent préparer les projets à soumettre au ministère de l'Économie, des Finances et du Plan sont totalement exclus de la préparation du programme triennal d'investissement public. », *Le financement de l'éducation au Sénégal*, CREA, CODESRIA, Dakar, mars 1999, page 64.
14. Du reste, son développement explique probablement la généralisation et la systématisation des exercices de programmation.

en outre des évaluations, des études et des analyses préalables dont le moins que l'on puisse dire est qu'elles sont loin d'être standardisées. Par ailleurs, de par la nature de l'éducation, la qualité des plans et des programmes est difficile à apprécier objectivement, notamment par ceux qui les ont élaborés, ce qui n'encourage pas leurs efforts. Enfin, la planification-programmation est d'une grande importance stratégique : une décision ou une erreur technique peuvent avoir des conséquences sur la scolarisation de milliers, voire de millions, d'individus.

Les moyens humains dont disposent les services de planification sont généralement insuffisants au regard de ces difficultés et de cette importance. Cela tient à différentes raisons.

Premièrement, les qualifications requises par le travail de planification de l'éducation sont rarement, sinon jamais, produites par le système éducatif : économie de l'éducation, planification de l'éducation, voire statistiques. Parfois, les membres du service de planification bénéficient d'une formation dans le cadre de projets. Ce type de formation est souvent inefficace : le choix des individus à former n'est pas toujours commandé par un souci d'efficacité, et leur retour dans le service n'est jamais garanti, notamment lorsque la formation dispensée est rare et qu'elle peut se monnayer sur le marché du travail national, voire international[15].

Deuxièmement, le niveau de formation générale est insuffisant, notamment dans les disciplines scientifiques, et le turn-over des cadres est important.

Enfin, le recrutement des cadres des ministères de l'Éducation, qui se fait principalement dans les corps d'inspection et d'enseignement. Cette tendance est sans doute due à l'idée commune selon laquelle les affaires éducatives doivent être nécessairement gérées par des familiers du secteur. Elle est accentuée par la commodité de ce recrutement : il est plus facile de muter un inspecteur ou un enseignant dans le service de planification que d'obtenir pour ce dernier une création de poste.

---

15. Au Burundi par exemple, au début des années 90, sept cadres supérieurs du Bureau de la planification ont bénéficié d'une formation extérieure dans le cadre d'un programme d'appui à la planification et à l'administration de l'éducation. Deux d'entre eux seulement ont effectivement réintégré de manière durable le Bureau. Lorsque la formation reçue est qualifiante et de nature à être mieux rémunérée hors du service, l'incitation à le réintégrer est naturellement faible. Ce fut précisément le cas pour deux des cadres burundais qui avaient reçu une formation en informatique. Rappelons à cet effet que tandis que l'informatisation se développait, il n'y avait aucun informaticien parmi les cadres des deux ministères de l'Éducation.

Naturellement, il est indispensable que les professionnels de l'éducation participent à la gestion du secteur. Cependant, ils doivent être associés à des agents qui ont des compétences spécifiques en matière de planification et de programmation : statisticiens, économistes, financiers, et spécialistes de l'évaluation des politiques publiques.

Les moyens matériels sont également souvent insuffisants ; excepté lorsque le service bénéficie d'une aide extérieure. A cet égard, il semble que ce type d'aide soit de plus en plus fréquent. Le renforcement institutionnel intéresse les partenaires extérieurs et le service de planification en est souvent l'un des bénéficiaires. Toutefois, la non-pérennité de ce type d'aide provoque des ruptures fatales dans le fonctionnement.

Avec leurs moyens humains et matériels, les services de planification s'acquittent toutefois assez bien, et semble-t-il de mieux en mieux grâce à l'informatique, des tâches répétitives de planification. C'est notamment le cas pour les annuaires ou les autres documents statistiques dont la parution est de plus en plus régulière et de moins en moins retardée ; il y a toutefois encore des exceptions, notamment dans des périodes de troubles politiques ou sociaux.

Mais là ne résident pas toutes les difficultés des services de planification lorsqu'ils doivent élaborer un plan ou un programme. Ils doivent également faire face à des difficultés d'ordre institutionnel. Dans la plupart des ministères de l'Éducation, le service de planification est une direction qui est au même niveau hiérarchique que les directions pédagogiques, financières et administratives. Si les attributions de ce service ne consistaient qu'à réaliser des études et produire des statistiques, cette position ne serait pas inadéquate. Mais l'élaboration de plans et de programmes, et surtout leur mise en œuvre et leur suivi, requièrent une position supérieure dans la hiérarchie ministérielle. Certes, ces tâches pourraient être accomplies par un autre service, placé au niveau d'une direction générale ou d'un secrétariat général, le service de planification étant transformé en service d'études et de statistiques par exemple. Dans les faits, il n'y a pas de distinction dans la hiérarchie ministérielle entre les deux types de tâches – études et production de statistiques d'une part, planification-programmation de l'autre – et cela est regrettable. Nous verrons plus loin que cette disposition nuit également au bon fonctionnement de la phase de budgétisation.

La présence de plusieurs ministères en charge de l'éducation (enseignement fondamental, enseignement secondaire, enseignement technique et professionnel, enseignement supérieur) peut également poser des problèmes lors de la phase de planification-programmation. Si ces problèmes sont cruciaux lors de la phase d'élaboration de la politique (section 1.1.1), la multiplicité des centres d'autorité tend à accentuer les difficultés de coordination. Il n'est pas rare de constater que, même en présence d'une politique d'ensemble clairement définie, chacun des ministères conserve une part importante d'autonomie dans le cadre de l'élaboration et de la programmation des activités à entreprendre. Cela se traduit par l'absence de concertation entre les services de planification des différents ministères. Chacun de ceux-ci tente alors de résoudre à son niveau des problèmes qui mériteraient d'être considérés au niveau du système dans son ensemble.

Pour ne prendre que deux exemples, on peut noter que dans certains pays, des procédures de soutien aux élèves en difficulté sont mises en place à la fin du collège (en raison d'un niveau scolaire jugé trop faible pour accéder au lycée), alors qu'il serait plus judicieux de concentrer les moyens en amont, en cherchant à améliorer la qualité de l'enseignement fondamental. De la même manière, on observe trop souvent que l'enseignement technique et professionnel se développe à la marge du système d'enseignement traditionnel alors qu'il devrait y être intégré comme un élément important de la régulation des flux (une alternative à la poursuite d'études longues).

Plus généralement et quels que soient les liens de subordination définis *a priori* entre différentes autorités éducatives (ministères, ministères délégués, secrétariats d'État, etc.), il existe souvent une dérive « autonomiste » d'autant plus redoutable que le poids politique des responsables des différentes entités se mesure le plus souvent au budget qui leur est attribué. Dans de tels contextes, la tentation est grande pour chacun de définir sa propre politique plutôt que d'accepter une coordination légitime du point de vue de la cohérence d'ensemble de la gestion du système éducatif.

Une autre difficulté est liée à l'aide extérieure. Il n'est pas rare que des projets soient conçus à l'insu du service de planification ; c'est même la règle générale dans certains pays. Les bailleurs prennent langue avec la direction pédagogique concernée par leur projet, le conçoivent avec elle, et son inscription dans un programme d'investissement public est soumise officiellement au ministère chargé de la coopération. Le service de planification est informé par hasard ou après coup.

D'une manière générale, la position institutionnelle du service de planification lui rend très difficile la collecte des informations relatives à l'exécution des projets. Des recensements des déboursements sont bien effectués par le ministère chargé de la coopération ; le PNUD publie également, chaque année, un rapport sur la coopération pour le développement. Cependant, ces recensements sont très globaux : ils n'indiquent pas les différentes répartitions de dépenses – fonctionnelle, économique, géographique – indispensables au suivi de la planification.

Nous avons eu l'occasion de mettre en place un système de collecte et d'analyse des données relatives à l'aide extérieure dans le domaine de la santé à Madagascar et au Tchad[16] ; nous avons pu mesurer les difficultés de la collecte de ces données. Les bailleurs de fonds et les agences d'exécution reconnaissent en principe l'opportunité de cette collecte. Toutefois, elle leur demande un travail qu'ils effectuent avec plus ou moins d'entrain, qui nécessite la compréhension d'une grille de classification des dépenses, la conversion de leur propre nomenclature – très différente d'un bailleur à l'autre – et des estimations ponctuelles. Souvent, d'une année à l'autre, les personnes chargées de ce travail changent. L'entreprise n'aurait pu réussir sans l'appui matériel, et surtout institutionnel, de l'OMS.

Ce qui est valable pour la santé l'est également pour l'éducation. Tandis que la reddition des comptes publics est disponible dans la plupart des pays, il est remarquable, et bien sûr regrettable, que le recensement régulier et détaillé de l'aide extérieure à l'éducation ne soit, à notre connaissance, nulle part effectué.

Si les services de planification ne peuvent élaborer des plans ou des programmes qu'avec difficulté, ils bénéficient fréquemment d'une assistance technique. Toutefois, cette assistance technique est la plupart du temps ponctuelle et son efficacité est contrainte, notamment par la disponibilité des données de base. L'intégration nationale de l'exercice de planification ou de programmation reste problématique.

Du reste, cet exercice est très souvent, si ce n'est toujours, suscité par les bailleurs de fonds. Jadis, dans de nombreux pays, il n'était pas rare qu'aucun plan ou programme ne soit élaboré. On passait sans transition d'une politique sectorielle – exprimée éventuellement dans un plan de développement

---

16. *L'aide extérieure à la santé* 1997, ministère de la Santé, Madagascar, 1998. *L'aide extérieure à la santé* 1996, ministère de la Santé publique, Tchad, 1997. *L'aide extérieure à la santé* 1997, ministère de la Santé publique, Tchad, 1999. Ces documents ont été réalisés avec le concours de l'OMS.

économique qui ne constituait pas pour autant un véritable plan sectoriel – aux budgets. Cette situation est devenue de plus en plus exceptionnelle. C'est en grande partie aux agences d'aide[17] qu'on le doit.

1.2.2 Les procédures de planification-programmation

On peut distinguer trois formes de planification-programmation suscitées par les bailleurs de fonds et dans lesquelles l'éducation est spécifiquement impliquée :

- la planification-programmation élaborée dans le cadre d'une concertation organisée du gouvernement avec l'ensemble des partenaires extérieurs. Nous prendrons l'exemple du processus de table ronde organisé par le PNUD ;

- la planification-programmation occasionnée par un grand projet. Un bailleur important, la Banque mondiale par exemple, se propose d'accorder un prêt pour réaliser un grand projet. Sa préparation donne lieu notamment à la réalisation d'une étude sectorielle. L'envergure du projet a pour conséquence d'impliquer de nombreux aspects du système éducatif. L'octroi du prêt est assorti de conditions (les « conditionnalités ») qui peuvent concerner les paramètres majeurs du système éducatif. Ainsi, le projet s'apparente à un plan ou à un programme sectoriel. La Banque mondiale a d'ailleurs introduit récemment une nouvelle procédure d'octroi de ses prêts : le programme d'investissement sectoriel (PIS), ou la *sector wide approach*, qui consiste à élaborer un plan de développement global du secteur dans lequel les intentions de tous les bailleurs de fonds sont prises en compte, la Banque mondiale se proposant comme partenaire de dernier recours pour combler par un prêt le besoin de financement résultant après la mobilisation de tous les dons. Cette nouvelle procédure de la Banque mondiale s'apparente du reste à la forme de planification-programmation précédente ;

- la planification-programmation régulière, intégrée au processus annuel de budgétisation. Nous prendrons l'exemple des programmes de dépenses publiques (PDP) mis en place à l'instigation de la Banque mondiale.

---

17. Par « agence d'aide », nous désignons aussi bien les bailleurs de fonds que les agences d'exécution ou les partenaires techniques extérieurs (l'UNESCO, par exemple).

Ces trois formes n'existent pas toujours et partout. Chacune peut recouvrir plusieurs dispositifs. Les modalités, voire la conception, d'un même dispositif peuvent varier d'un pays à l'autre. Ici ou là, ces dispositifs peuvent être mal coordonnés, voire contradictoires.

Les problèmes de cohérence des dispositifs ne peuvent être appréhendés globalement pour l'ensemble des pays d'Afrique subsaharienne, sans tomber dans des considérations trop générales et trop banales. Il serait nécessaire d'examiner la situation de chaque pays, et son évolution dans le temps. Ce travail serait laborieux et il n'est pas certain qu'il en vaille la peine.

Quoi qu'il en soit, on peut tout de même noter que ces problèmes existent. Leur cause principale est le déséquilibre entre les capacités institutionnelles nationales et la complexité d'un système dans lequel un grand nombre de partenaires sont impliqués. Leur conséquence est un programme mal défini, sous-optimal et sans force de conviction.

Pour analyser la question de la planification-programmation globalement, nous nous proposons de partir d'un cas idéal où l'ensemble des dispositifs de planification-programmation est cohérent et où ces dispositifs fonctionnent selon l'esprit de leurs concepteurs.

1.2.2.1 Le processus de table ronde

Le processus de table ronde n'est pas le seul à impliquer une concertation des partenaires extérieurs avec le gouvernement à la fois sur la politique économique de ce dernier et sur l'aide. Nous pouvons citer les programmes d'ajustement structurel (PAS) de la Banque mondiale et du Fonds monétaire international ; le programme des dimensions sociales de l'ajustement de 1987 à 1992 de la Banque mondiale, de la Banque africaine de développement et du PNUD ; le mécanisme NATCAP (analyse et programmation nationales de la coopération technique du PNUD) ; ou encore le rapport du PNUD sur la coopération pour le développement, dont l'élaboration est parfois l'occasion d'échanges d'informations et de commentaires entre les agences d'aide et les autorités nationales.

Cependant, ces dispositifs ont tendance à ne concerner que les problèmes macro-économiques, ou à ne s'intéresser qu'occasionnellement et de manière non systématique au secteur de l'éducation.

Il existe également un processus de table ronde parallèle à celui du PNUD – les *consultative group meetings* de la Banque mondiale – mais les réunions sectorielles qu'il prévoit ne sont pas toujours tenues.

Le but du processus de table ronde est d'établir un dialogue constructif entre un pays et les agences d'aide pour parvenir à un accord sur la politique de développement dudit pays et mobiliser les ressources qu'elle requiert.

Ce processus a été initié par le PNUD, il y a 25 ans déjà, au Lesotho. Il a depuis beaucoup évolué : d'une réunion au cours de laquelle les bailleurs de fonds étaient invités à choisir parmi une liste de projets ceux qui correspondaient le mieux à leur politique d'aide, il est, depuis la deuxième conférence des Nations unies sur les pays les moins avancés (1990), plus formellement intégré à la planification économique du pays.

Depuis 1986 environ, le cycle de table ronde se déroule en trois phases :
- la conférence de table ronde réunit, généralement à Genève, une délégation du pays bénéficiaire, composée des plus hautes autorités du pays, et les représentants des principaux donateurs. Lors de cette conférence, les problèmes de développement auxquels le pays fait face et les stratégies proposées pour les résoudre sont exposés ; la conformité de la politique économique du pays aux directives des institutions de Bretton Woods est notamment examinée ; une évaluation et un ciblage global de l'aide sont effectués ;
- dans l'année qui suit la conférence de table ronde, des tables rondes sectorielles sont tenues dans le pays bénéficiaire. Elles sont destinées à traduire les orientations globales adoptées lors de la conférence de table ronde en politique, stratégies et programmes d'actions sectoriels ;
- des réunions de revue périodiques sont ensuite organisées pour assurer le suivi des programmes et procéder à d'éventuels ajustements ou affinements.

Le PNUD préconise que la durée d'un cycle de table ronde soit de deux ans. Dans la pratique, cependant, le cycle dure plus longtemps.

On pourrait penser que la conférence de table ronde relève, dans notre plan, de la partie précédente relative à la définition des orientations politiques. Cependant, même si cette conférence peut être une occasion pour le gouvernement de définir sa politique, le fait de considérer qu'elle est un moment obligé de cette définition reviendrait à lui dénier sa souveraineté.

Bien que les dernières conférences de table ronde s'intéressent davantage aux problèmes sociaux, les orientations politiques relatives au secteur éducatif y restent très générales. Ce n'est donc que dans la phase des tables rondes sectorielles que commence la planification-programmation de l'éducation.

La table ronde sectorielle se déroule en trois étapes :
- la préparation de la table ronde, qui consiste notamment à élaborer le document officiel de table ronde ;
- la réunion de table ronde ;
- le suivi de la table ronde.

Le document de table ronde est élaboré par une équipe technique nationale, éventuellement assistée d'experts internationaux ou de consultants. Il présente la politique éducative du gouvernement et les actions spécifiques qu'il entend mettre en œuvre pour l'atteindre. Il indique les programmes prioritaires de développement, les activités de ces programmes dont le financement est déjà acquis et celles qui restent à financer. Il peut être structuré en deux parties : la première présente l'analyse du secteur, la politique et les stratégies ; la seconde, les programmes. Il doit déjà refléter un large consensus entre tous les partenaires, nationaux et internationaux. Il s'agit d'un document officiel approuvé par les ministères chargés de la coopération et des finances.

La réunion de table ronde, qui dure deux ou trois jours, est le moment où le document est validé ; où le gouvernement s'engage à respecter la politique et les stratégies qu'il contient et les partenaires à ne pas entreprendre d'actions qui pourraient aller à leur encontre ; où les partenaires déclarent éventuellement leur intention de financer telle ou telle activité qui ne le serait pas encore. Ces engagements restent naturellement d'ordre moral.

Le suivi de la table ronde consiste avant tout à concrétiser les engagements moraux pris lors de la réunion. Le gouvernement doit donc entrer en contact bilatéral avec les différents partenaires afin de négocier des contrats formels conformément à ces engagements. La deuxième forme de planification-programmation que nous avons évoquée ci-dessus devrait normalement se fondre dans le suivi de la table ronde.

Le processus de table ronde est donc essentiellement destiné à permettre une mobilisation et une coordination des aides extérieures et leur intégration dans une planification globale qui prend par ailleurs en compte l'ensemble des sources nationales de financement.

Nous disons « destiné à permettre », car le processus ne donne aucune garantie quant à la réalisation effective de ces fins. Il n'en est pas pour autant critiquable. Compte tenu des conditions actuelles de l'aide extérieure, il est même indispensable.

Sa pérennité et son essor font probablement écho au problème lancinant de la coordination de l'aide extérieure. En mai 1995, le PNUD récuse l'expression « coordination de l'aide », qui ne reflète pas selon lui le large éventail de problèmes associés à la gestion des ressources extérieures, et lui substitue l'expression « coopération pour le développement ». Faut-il voir là une surenchère destinée à masquer un échec ? Pas uniquement. La coordination de l'aide n'est pas un problème que l'on peut isoler de l'ensemble du processus de planification-programmation dans les pays où son poids financier est important et où elle constitue, en raison de sa spécialisation, un élément fonctionnel de l'ensemble du système éducatif. Quoi qu'il en soit, ce qui justifie le processus – les modalités de l'aide extérieure – en fixe également les limites.

L'intégration de l'aide

La principale pierre d'achoppement tient au fait que l'aide n'est pas un simple don ou prêt d'argent que le bénéficiaire peut utiliser à son gré. Les donateurs veulent décider de l'utilisation de leur aide et la contrôler. Ils établissent des projets plus ou moins autonomes, plus ou moins verticaux, qui concernent parfois plusieurs secteurs. L'aide n'alimente pas un budget unique.

L'idée de budget unique (ou de guichet unique) pouvait sembler utopique il y a peu de temps. Elle commence toutefois à se concrétiser. Elle est par exemple en partie adoptée dans la conception des programmes d'investissement sectoriel (PIS) de la Banque mondiale dont nous reparlerons plus loin.

Il faut par ailleurs mentionner l'aide budgétaire ciblée de l'Union européenne, qui consiste à assurer le financement de tout ou partie du budget de fonctionnement de ministères sociaux, tels que ceux de l'Éducation et de la Santé. Compte tenu du principe budgétaire d'universalité (qui implique la non-affectation des recettes aux dépenses), il n'est toutefois pas correct de la considérer comme une aide aux secteurs concernés ; elle n'est fondamentalement pas différente des aides budgétaires non ciblées.

Le processus de table ronde marque cependant la volonté de substituer l'« approche-programme » à l'« approche-projet ». Le document de table ronde doit présenter l'ensemble des activités prévues dans un ensemble de programmes articulés et non pas une liste de projets.

A cet égard, la confection du document de table ronde est compliquée dans la mesure où ce document doit prendre en compte les projets existants, qui ne s'intègrent pas toujours de manière évidente dans un, voire plusieurs programmes.

L'approche-programme représente certainement un progrès par rapport à l'approche-projet. Cependant, il est encore largement fictif. Il le restera tant que l'exécution des programmes ne relèvera pas entièrement de la responsabilité des nationaux. Si, comme il se doit, le programme représente un ensemble cohérent d'activités, le partage de la responsabilité de son exécution n'a pas lieu d'être ; il la rend inéluctablement plus compliquée, plus incertaine.

Si, comme du reste les PIS le prévoient, le fait de confier la maîtrise des programmes aux nationaux semble logique, on doit néanmoins comprendre les raisons pour lesquelles cette logique n'est pas respectée. La réticence des bailleurs de fonds à renoncer à l'exécution des programmes ou des projets peut être motivée par des considérations de nature hégémonique ; elle est souvent justifiée en invoquant la faiblesse institutionnelle des administrations africaines.

Il est possible que cette faiblesse soit inhérente à l'état de sous-développement. Il est certain que le déséquilibre qui s'est progressivement accentué depuis les indépendances entre la quantité et la qualité des services en est l'une des causes.

L'extension des systèmes scolaires a naturellement accru la complexité de leur administration. Elle s'est produite au détriment de la qualité des services : les moyens de fonctionnement se sont dégradés et, dans certains cas, la compétence du personnel administratif a diminué, conséquence à la fois d'une dégradation de la qualité de l'éducation reçue par ce personnel, et d'une diminution de leur pouvoir d'achat.

La conjonction de la dégradation de ses moyens et de l'augmentation de ses tâches a peu à peu jeté le discrédit sur l'administration – discrédit soutenu par un discours idéologique convenu qui oppose le public et le privé.

---

18. Nous examinerons plus loin les solutions possibles de ce problème.

Les choses étant maintenant ce qu'elles sont, il serait inconsidéré de dénier la faiblesse institutionnelle de l'administration[18] ; l'évaluation des PIS (section 1.2.2.2) nous en avertit. Toutefois, il reste vrai que l'acuité du problème de la responsabilité de l'exécution des programmes est d'autant plus vive que les partenaires extérieurs soucieux de conserver cette responsabilité sont nombreux.

Le partage de la responsabilité de l'exécution des programmes fait ainsi de ceux-ci de simples réceptacles de projets. Au sein d'un même programme, les projets peuvent être coordonnés – ce qui relève de la mission du secrétariat technique chargé de la préparation et du suivi de la table ronde – mais cette coordination vise davantage à éviter des incohérences ou des conflits qu'à les articuler dans un ensemble organique. Les programmes se réduisent souvent à des objectifs.

Indépendamment du problème de la responsabilité de l'exécution, la conception d'un ensemble de programmes est un exercice particulièrement difficile. Les programmes doivent normalement constituer des ensembles disjoints et il arrive que cette règle ne soit pas toujours respectée. Ce n'est toutefois pas un problème très grave, car les programmes se définissent finalement par les activités qu'ils contiennent.

L'ensemble des programmes doit-il intégrer l'ensemble des activités du secteur ? La réponse n'est pas évidente. Le document de table ronde doit en tout état de cause donner une vue d'ensemble du secteur et des dépenses, mais on peut concevoir que les programmes ne concernent que les actions nouvelles, quelle que soit la nature des dépenses qu'elles impliquent, investissement ou fonctionnement. Dans ce cas, l'ensemble des programmes ne définirait pas à lui seul l'ensemble de la politique ; il définirait l'ensemble des changements.

Du reste, le fait de les concevoir ainsi suscite une réflexion sur le sens même que l'on peut donner à l'approche-programme. Il semble tout à fait sensé de considérer qu'il existe un système qui fonctionne selon des lois relativement autonomes, dans des structures établies – l'organisation des formations, un organigramme ministériel, des services chargés de missions définies et dotés de moyens à travers un budget, etc. – et que tout changement se définisse au regard de ce système. Si l'on souhaite structurer l'ensemble des activités dans un ensemble de programmes, ceux-ci devront rendre compte des activités régulières. Cette exigence conduit naturellement à retenir une structure assez classique (niveaux d'enseignement et, à l'intérieur des niveaux, types d'enseignement) conforme à l'organisation du système. C'est du reste cette structure qui est retenue dans les programmes de dépenses publiques (PDP) dont nous reparlerons. Elle a par ailleurs l'avantage d'être pérenne.

On peut imaginer que les bailleurs de fonds aient des réticences à inscrire leur aide dans une structure dans laquelle elle serait noyée. On est de nouveau confronté à l'un des aspects paradoxaux de l'aide : si elle est par essence destinée à combler un manque en regard de besoins, elle induit pourtant une intervention du donateur dans leur définition, soit par volonté d'hégémonisme, soit par souci d'efficacité.

Cependant, la définition des programmes comme encadrement des seuls changements est possible. Mais elle nécessite l'élaboration d'une articulation précise – qui fait souvent défaut – entre ces changements et le fonctionnement régulier du système et, notamment, une consolidation de l'ensemble des dépenses.

L'horizon des programmes

Le PNUD recommande que la durée du cycle de table ronde soit de deux ans. Cette durée s'applique bien sûr à l'ensemble du cycle et non pas seulement à la phase de tables rondes sectorielles. Dans les faits, le cycle dure plus longtemps (quatre à cinq ans), pour des raisons plus négatives (retards, problèmes de communication, impondérables, etc.) que positives.

Ce serait un mauvais procès que de penser que cette durée est trop courte, notamment au regard du temps propre aux phénomènes éducatifs. La répétition rapide du cycle est destinée à relancer et à ajuster constamment un processus continu de planification-programmation. Une table ronde n'est pas une table rase du passé. Toutefois, si la courte durée du cycle ne présage rien quant à l'horizon de la planification-programmation, cet horizon reste indéterminé dans le processus de table ronde.

Il est évident pour tout le monde que la durée d'un plan relatif à l'éducation doit être longue. Les conséquences d'un investissement ou d'une mesure relative à l'éducation se produisent après un délai qui peut excéder 20 ans.

L'une des raisons invoquées pour limiter la durée d'un plan d'éducation réside dans ce que les prévisions seraient trop incertaines au-delà d'un certain temps. C'est une idée un peu convenue. Tout d'abord, il n'est pas certain que les prévisions soient, en termes relatifs, plus incertaines à long terme qu'à court terme. La mise en place effective des mesures programmées est rarement conforme au plan ; il est fréquent que les constructions prennent du retard ou que l'application d'une mesure donnée soit reportée d'une année sur l'autre. Sur le court terme, la différence entre la programmation et la réalisation peut ainsi être très importante.

Mais la critique essentielle de cette idée est autre : si, comme c'est souvent le cas, les conséquences d'une mesure s'inscrivent dans le long terme, on ne peut l'apprécier, et donc juger de son opportunité, qu'en ayant connaissance de ces conséquences.

Parce qu'un plan recouvre de nombreuses mesures, de nombreux paramètres et de nombreuses hypothèses, il est normal que le résultat global initialement prévu ne se réalise pas. Il faut toutefois que les commentaires du plan identifient la relation qui existe entre chaque mesure et ses conséquences. Cela se fera aisément si le plan a été élaboré grâce à un modèle de simulation informatisé, ce qui est du reste de plus en plus fréquent.

On peut certes adopter une durée courte ou moyenne pour un plan, en indiquant toutefois dans ses commentaires les conséquences à long terme des principales mesures. Cela a d'ailleurs été fait dans certains pays (Burundi, Comores, Madagascar) pour les PDP (le problème de la durée se pose pour ceux-ci de la même manière que pour le document de table ronde).

Le fait de ne pas préciser les conséquences à long terme constitue indéniablement une erreur, qui est encore commise. Mais cette solution minimale n'est pas entièrement satisfaisante, précisément en raison de la nature plurielle du financement. Si le financement du plan était unique, s'il s'agissait par exemple d'un plan qui n'engage que le gouvernement, celui-ci pourrait l'adopter en ayant pris connaissance des conséquences qu'il risque d'impliquer sur le long terme. Dans ce cas, le plan est adopté par la seule instance qu'il engage. En revanche, si le financement du plan est pluriel, les risques des conséquences à long terme ne sont pas partagés.

La nature de l'engagement des bailleurs de fonds

Le problème de la durée nous renvoie donc à celui de l'engagement. Naturellement, la force d'un plan tient en grande partie à la qualité de l'engagement des différents partenaires qui le mettront en œuvre et qui le financeront. Or, cet engagement est faible.

L'engagement des bailleurs de fonds à financer telle ou telle partie du plan-programme n'a pas de valeur juridique contraignante ; il s'agit plutôt d'un engagement moral. Bien sûr, des conventions de financement sont signées, mais elles sont souvent rédigées en des termes qui donnent une certaine liberté à l'étalement des déboursements ou à la modulation de leur montant.

Sans pouvoir l'affirmer d'une manière péremptoire, nous sommes d'avis que les financements effectifs diffèrent tellement des prévisions des plans que l'on peut douter de l'influence des plans et penser qu'ils n'auraient pas été très différents en leur absence. C'est sans doute un peu exagéré, mais nous pouvons étayer cet avis en prenant l'exemple du programme EFE (éducation-formation-emploi) du Tchad. Ce programme décennal (1990-2000), issu d'une table ronde tenue à Genève en 1990, avait été en son temps cité en exemple pour la qualité de sa préparation ; pourtant, à mi-parcours, les déboursements étaient très en deçà des prévisions et l'un des plus importants bailleurs de fonds n'avait pas honoré le dixième de son engagement. Sa probité n'a probablement pas été mise en cause pour autant et il se peut que certaines conditions n'aient pas été respectées. Le jugement de l'affaire relèverait peut-être de la casuistique. Du reste, la responsabilité du non-respect des plans n'incombe pas forcément ou uniquement aux bailleurs de fonds.

Quoi qu'il en soit, il est compréhensible que la qualité des engagements de plusieurs partenaires sur un même programme soit d'autant plus faible que ceux-ci sont nombreux. Les plans d'éducation sont souvent ambitieux et ils requièrent une augmentation substantielle des dépenses. Si le risque auquel s'exposent les bailleurs de fonds en s'engageant fortement – le fait que les autres partenaires, nationaux ou extérieurs, ne s'engagent pas à la même hauteur pour diverses raisons – était réduit, cette ambition aurait plus de chances de se concrétiser. On voit rarement, pour ne pas dire jamais, un bailleur de fonds augmenter de manière significative son aide après s'être enthousiasmé devant une proposition de programme.

En dépit des bénéfices potentiels très élevés de l'investissement éducatif en Afrique subsaharienne – bénéfices qu'attestent des taux de rendement interne élevés – l'aide extérieure a toujours été en deçà des attentes.

---

19. Bairoch, P. (1992), *Le tiers monde dans l'impasse*, Paris : Gallimard, page 429.

L'aide internationale aux pays en développement, tous secteurs confondus, bien qu'elle ait beaucoup augmenté dans les années 50, n'a jamais atteint les montants, pourtant de moins en moins ambitieux, fixés comme objectifs[19]. En ce qui concerne l'éducation, son volume n'a jamais été de nature à changer significativement l'ordre de grandeur des dépenses totales. Depuis le début des années 80, elle n'a cessé de diminuer en valeur réelle (tableau 1). Si elle représentait 4 % des dépenses publiques nationales de l'ensemble des pays en développement en 1980, elle n'en représente aujourd'hui plus que 3 %.. Elle est toutefois assez concentrée vers les plus pauvres des pays en développement : en Afrique subsaharienne, elle représente environ 10 % des dépenses publiques nationales.

TABLEAU 1. **Dépenses des organismes de financement bilatéraux et multilatéraux au titre de la coopération pour le développement dans le domaine de l'éducation, 1980-95** (millions de dollars 1990)

	1980	1985	1988	1990	1991	1992	1993	1994	1995
Bilatéraux	16 167	5 479	5 581	3 642	3 068	2 529	2 267	2 232	2 070
Banques et fonds multilatéraux	3 181	3 319	1 924	2 083	2 256	2 082	1 953	1 649	1 264
Programmes et fonds de l'ONU	695	336	375	285	231	222	174	141	142
Total	20 043	9 133	7 879	6 010	5 555	4 833	4 393	4 022	3 475

Source : *Rapport mondial sur l'éducation* 1998, UNESCO.

L'aide est modeste au regard des objectifs de développement ; elle l'est également au regard de la richesse des pays développés. L'aide publique au développement pour tous les secteurs d'activité s'est située en deçà de 0,4 % du PNB des pays occidentaux durant les décennies 70 et 80 ; en 1997, elle fut légèrement supérieure à 0,2 %, dont environ 10 % sont allés à l'éducation. Rapportée au PNB des pays en développement, l'aide publique au développement n'a jamais dépassé 2 %.

En dépit de cette double modestie, il est fréquent d'entendre dire que l'aide est considérable. Cette opinion peut sans doute résulter d'un

---

20. Ce sentiment n'est pas forcément bien fondé ; sous certaines conditions, l'aide est efficace. Voir Burnside, C. et D. Dollar (1997), "Aid, Policies and Growth", The World Bank, Policy Research Department, 1997, *Working Paper* No.1777.

sentiment d'inefficacité de l'aide[20], résultant de mauvais choix passés ou actuels ou, plus certainement, d'une dissipation trop fréquente de l'aide. La coordination des efforts de tous les partenaires, bien qu'elle ait progressé, est loin d'atteindre une véritable union.

1.2.2.2 Les programmes d'investissement sectoriel

La Banque mondiale a récemment initié les programmes d'investissement sectoriel (PIS) ou la *sector wide approach* (SWAP). On pourrait imaginer qu'ils s'articulent autour du processus de table ronde du PNUD ; ils interviendraient donc dans ce cas dans la troisième phase de la table ronde sectorielle et le processus de table ronde se situerait en amont des PIS. Cette articulation possible nécessiterait toutefois quelques ajustements dans la confection du document de table ronde sectorielle, dans la mesure notamment où les PIS sont caractérisés par un abandon plus net de la notion de projet.

Par rapport aux opérations de prêt standard, les PIS se distinguent en effet par six caractéristiques :
- ils sont, par nature, réellement sectoriels et couvrent toutes les dépenses et les politiques publiques qui se rattachent au secteur ;
- ils reposent sur une stratégie sectorielle bien définie ;
- ce sont les décideurs locaux, et non les donateurs, qui pilotent le programme ;
- tous les grands donateurs signent et cofinancent le programme ;
- les modalités d'exécution sont définies de façon à être observées par tous les donateurs dans la mesure du possible ;
- l'assistance technique à long terme est minimisée[21].

Une évaluation actuellement en cours de PIS dans les domaines de la santé, de l'agriculture et des transports a cependant montré que « la capacité institutionnelle (nationale) demeurait faible par rapport aux exigences pour que les bailleurs de fonds acceptent des arrangements communs pour la mise en œuvre du programme. Comme conséquence, très peu de progrès ont été accomplis dans l'établissement des arrangements financiers communs, à l'exception du panier du district faisant partie du programme de santé de la Zambie. »[22]

Cette évaluation n'est certes pas de nature à remettre en cause les PIS, mais il est difficile de deviner quel sera leur avenir. L'intégration effective

---

21. Banque mondiale (1996), "Findings, Région Afrique", *Best practices Infobrief*, numéro 11, décembre.
22. Banque mondiale (1998), "Findings, Région Afrique", numéro 94, mars.

des aides extérieures dans un même programme sectoriel risque d'être freinée par les intérêts politiques des différents partenaires extérieurs.

Cependant, l'initiative récente de la Banque mondiale et du Fonds monétaire international en faveur des pays pauvres très endettés (PPTE) pourrait être de nature à favoriser cette intégration dans les pays qui en bénéficieront[23]. En effet, cette initiative qui consiste à réduire la dette (et donc son remboursement) pour favoriser le développement durable et résorber la pauvreté devrait se traduire par une augmentation du budget des ministères de l'Éducation. Il est donc possible que le rachat des dettes se substitue, au moins en partie, à l'aide sous forme de projet.

Si l'intégration effective des aides extérieures dans un programme sectoriel unique dont l'exécution est confiée aux nationaux présente une avancée importante pour la planification-programmation, on peut toutefois craindre qu'elle ne rende moins attractifs les dons en les rendant moins visibles. Cette exigence de visibilité n'est pas forcément de nature ostentatoire : du point de vue des donateurs, elle peut répondre à une demande légitime de justification des contribuables, soucieux de l'utilisation de l'argent public. Cependant, seule l'expérience nous dira si cet effet réducteur est ou non compensé par les bénéfices d'une union efficace.

1.2.2.3 Les programmes de dépenses publiques

Les programmes définis dans le document de table ronde sectorielle n'ont pas une structure systématique et pérenne, alors que les programmes de dépenses publiques (PDP) initiés par la Banque mondiale ont cette qualité.

Ces deux types de planification-programmation – table ronde et PDP – ne sont ni concurrentes, ni incompatibles. La table ronde mobilise et coordonne les aides extérieures, ce que ne font pas les PDP ; en revanche, ceux-ci sont conçus pour articuler planification et budgétisation, ce que ne fait pas la table ronde. Lorsque les deux procédures existent dans un même pays, elles doivent être cohérentes. Les programmes du document de table ronde doivent être transcrits dans le PDP.

---

23. En janvier 2002, 42 pays, dont 34 d'Afrique subsaharienne, avaient été jugés éligibles, et 24, dont 20 d'Afrique subsaharienne, avaient été élus. Pour une description de l'initiative PPTE, voir le site de la Banque mondiale qui lui est consacré : www.worldbank.org/hipc/ et, notamment, la page www.worldbank.org/hipc/french/fr-faq/fr-faq.html.

Les PDP ont été introduits en Afrique subsaharienne par la Banque mondiale vers la fin des années 80. Ils ne s'appliquent pas à des secteurs mais à des ministères. En principe, tous les ministères peuvent élaborer un PDP. Dans la pratique, souvent seuls les ministères dits « budgétivores », dont ceux de l'éducation, sont concernés.

Le PDP est un instrument budgétaire de synthèse qui analyse l'ensemble des ressources publiques. Son but est d'en rationaliser l'utilisation. Il s'inspire en cela du *Planning Programming Budgeting System* (PPBS), du *Zero-Based Budgeting* (ZBB) ou de la rationalisation des choix budgétaires (RCB). Il s'agit de compléter le budget de moyens par un budget d'activités, afin d'éclairer les décisions budgétaires. Toutefois, les montants financiers inscrits dans les PDP ne valent pas autorisations de dépenses.

Le PDP se présente sous la forme d'un document normalisé, qui contient une présentation de la politique du ministère, une structuration de ses activités en programmes, une présentation des objectifs pour chaque programme, des tableaux de financement, dont certains peuvent distinguer les charges récurrentes des investissements, et des tableaux d'indicateurs (de moyens, d'activités, d'impacts, de résultats). Il se termine par une série de tableaux récapitulatifs.

Nous n'allons pas détailler ici le contenu du document de PDP, qui peut du reste varier d'un pays à l'autre, mais nous souhaitons en présenter les caractéristiques qui nous paraissent les plus importantes :

- la structure des programmes est très globale. Il y a généralement moins de dix programmes, qui sont constitués des niveaux d'enseignement, voire des types d'enseignement, et de l'administration centrale. L'idée de budget d'activités est par conséquent un peu fictive. On pourrait imaginer un détail plus grand. Cependant, l'une des caractéristiques des PDP doit être, selon leurs concepteurs, la simplicité car c'est à la fois un instrument de négociation budgétaire et un document d'information sur l'usage des deniers publics, qui doit donc être accessible à des non-spécialistes du secteur ;

- les PDP sont des programmes triennaux glissants. Ils établissent chaque année une programmation des dépenses pour les trois années à venir. Le document de PDP doit en outre indiquer les réalisations, ou prévisions de réalisations, pour l'année en cours et l'année précédente. L'horizon limité n'est cependant pas un problème ici : l'impact des mesures à long terme peut figurer dans la présentation des programmes, voire, à titre indicatif, dans les tableaux de financement puisque les dépenses inscrites ne valent pas autorisation de dépenses ;

- la classification des recettes et des dépenses est très générale. A titre d'exemple, voici la classification retenue pour les premiers PDP élaborés au Tchad, en 1996 :
  A - Ressources
     A1 - Financements externes
        1. Dons
        2. Prêts directs
        3. Autres ressources externes
     A2 - Financements internes
        1. Ressources propres de contrepartie
        2. Autres ressources propres
        3. Autres ressources internes
  B - Emplois
     B1 - Fonctionnement
        1. Dépenses de personnel
        2. Dépenses de matériel
     B2 - Transferts
        1. Subventions de fonctionnement aux organismes sous tutelle
        2. Subventions d'investissement aux organismes sous tutelle
        3. Autres dépenses de transfert
     B3 - Investissement
        1. Investissement
        2. Études et recherche
        3. Assistance technique
        4. Formation
        5. Fonctionnement dont personnel local
        6. Prestations directes aux populations

- le PDP ne concerne que les dépenses publiques ; il comprend *grosso modo* le budget de l'État et le programme d'investissement public (PIP), où s'inscrit notamment l'aide extérieure ;

- le PDP est un instrument d'information, mais il sert essentiellement à la négociation budgétaire relative au budget de l'État. Une première version du PDP est élaborée avant cette négociation, qu'elle doit éclairer. Une version définitive est publiée après l'aboutissement de cette négociation.

Ici ou là, selon les dispositions retenues, la conception des PDP peut poser certains problèmes techniques. Citons par exemple le cas des transferts, qui sont traités globalement, ce qui ne permet pas d'analyser les dépenses qu'ils financent. Dans beaucoup de pays, l'université est dotée d'une autonomie financière et elle reçoit une subvention du budget de l'État. L'utilisation de cette subvention n'est pas décrite dans le PDP. Cela est logique puisque cette utilisation est à la discrétion de l'université et ne relève donc pas de l'arbitrage budgétaire ; cela limite cependant la valeur informative générale du PDP.

On peut également évoquer le problème de la classification des dépenses, notamment de la distinction entre le fonctionnement et l'investissement. Il arrive souvent que l'intégralité des dépenses inscrites dans le PIP soit classée abusivement dans la catégorie « investissements ».

Mais ces problèmes techniques ne sont pas rédhibitoires. Il est toujours possible d'ajouter des informations dans le document du PDP pour les résoudre. Par ailleurs, la structure du PDP n'est pas figée ; elle peut être progressivement améliorée. Les PDP élaborés jusqu'ici sont encore très perfectibles, même lorsqu'ils ont été réalisés avec le concours d'une assistance technique extérieure.

Le document de PDP doit comporter un tableau consacré aux charges récurrentes des investissements. Du reste, qu'il s'agisse d'un PDP, d'un document de table ronde, d'un plan ou d'un programme quelconque, le calcul des charges récurrentes des investissements est indispensable. Nous avons mentionné *supra* le problème de la non-garantie du financement des charges récurrentes. La prise en considération de ces charges pose un autre problème (évoqué également *supra*) : quels critères adopter pour les calculer ? Doit-on supposer un fonctionnement correct des structures créées par l'investissement – ce qui semble aller de soi – ou doit-on prévoir un fonctionnement semblable à celui qui existe pour les structures existantes ? Ce problème se pose notamment de manière aiguë pour l'entretien des infrastructures ou la maintenance des équipements, deux postes de dépenses particulièrement sous-dotés dans les pays d'Afrique subsaharienne. C'est un dilemme quasiment cornélien : se résigner à la norme du fonctionnement courant, c'est accepter l'inefficacité de l'investissement avant même sa mise en œuvre ; adopter la norme d'un fonctionnement correct, c'est instaurer une inégalité injustifiable entre les structures ou provoquer une amélioration marginale du fonctionnement de toutes les structures si, comme c'est souvent le cas, la budgétisation ne permet pas de les distinguer. Ce problème révèle de nouveau le déséquilibre entre la quantité et la qualité.

Cependant, le problème de l'impact réel des PDP sur les allocations budgétaires nous paraît plus grave encore. Le but essentiel des PDP est de les déterminer. Or, cette détermination est encore très faible, voire insignifiante. Il est possible qu'il faille du temps pour que le PDP devienne un outil efficace. Toutefois, il nous semble que la relation entre le PDP et le budget est mal conçue ou, plus exactement, qu'elle n'est pas suffisamment élaborée.

Dans sa conception actuelle, le PDP permet d'établir une consolidation des budgets d'investissement et de fonctionnement pour l'ensemble des ministères ; il est de ce fait utile d'un point de vue macro-économique. Cependant, du point de vue d'un ministère particulier, il est uniquement destiné à justifier des demandes de crédit et son utilité devient accessoire : il peut au mieux convaincre du bien-fondé des demandes ; en aucun cas, il ne détermine l'octroi des crédits selon des règles précises, valables pour tous les ministères.

Nous reviendrons plus loin, dans le chapitre consacré aux solutions, sur ce que pourraient être ces règles ; indiquons ici comment nous les concevons. Il ne s'agirait pas de conférer une force de loi au PDP ; les règles ne concerneraient que la détermination du projet de budget : elles permettraient de répartir les arbitrages relatifs aux allocations des crédits entre les ministères des Finances, du Plan et de l'Éducation ; d'établir un lien logique dans l'évolution temporelle des crédits qui, actuellement, n'existe pas. Ces règles devraient aussi tenir compte du degré de réalisation des objectifs. A cet égard, les tableaux d'indicateurs devraient être conçus de manière à pouvoir situer précisément les causes de la non-réalisation des objectifs. Ces causes peuvent être de plusieurs natures : les mesures prévues n'ont pas été prises ou l'ont été partiellement ; les hypothèses se sont révélées inexactes ; les relations entre, d'une part, les mesures et les hypothèses et, d'autre part, les objectifs, ont mal été établies. Cette identification des causes est désormais facilitée par la micro-informatique. Dans de nombreux pays, des modèles informatisés de planification ont été élaborés ; ils servent du reste parfois à établir les PDP[24].

Il importe de donner un enjeu à l'élaboration des PDP. Compter sur leur seule force de conviction est insuffisant. Du reste, cette force sera d'autant plus grande qu'ils seront bien faits et ils seront d'autant mieux faits qu'ils représenteront un enjeu.

---

24. L'adoption d'un modèle informatisé de planification qui permet d'identifier, selon leur nature, les causes des écarts entre les prévisions et les réalisations peut également être utile dans les négociations et dans le suivi des grands projets, tels que ceux de la Banque mondiale, qui sont assortis de

1.2.3 Conclusions

Au terme de cette section consacrée à la phase de planification-programmation, il convient de s'interroger, comme nous l'avons fait précédemment pour la phase de définition de la politique, sur les conséquences en matière de financement des problèmes mis ici en évidence.

La phase de planification-programmation est effectivement déterminante en matière de financement, dans la mesure où elle fixe les modalités concrètes selon lesquelles les orientations générales définies au cours de la phase précédente vont être mises en œuvre. Ces choix, ou plus précisément l'analyse des alternatives en matière d'organisation des systèmes d'enseignement, sont de la responsabilité de services de planification dont les moyens sont, en Afrique, très en deçà des responsabilités qui leur incombent.

Le déficit de ces services en matière de ressources humaines est criant, qu'il s'agisse de la capacité à mettre en œuvre les études nécessaires à l'instruction des décisions de politique éducative, ou de la possibilité d'évaluer le fonctionnement du système au niveau des coûts et des performances. Cette faiblesse des moyens se double souvent d'une position institutionnelle incompatible avec les investigations à conduire et les arbitrages à instruire. Les attributions des services de planification supposent en effet une activité de collecte d'informations auprès de nombreuses directions administratives et pédagogiques, qui se révèle difficile à conduire dans le cadre général de la fonction publique sans la reconnaissance d'une autorité transversale en ce domaine. Cette faiblesse institutionnelle est évidemment encore plus problématique lorsqu'il s'agit d'élaborer et de justifier des programmes d'activités qui supposent de nombreux arbitrages. Au niveau du financement, il en résulte une réflexion insuffisante sur l'appréciation des coûts des différentes actions et une capacité limitée à justifier des programmes visant une utilisation davantage « coût-efficace » des moyens nationaux.

Les différentes procédures de planification-programmation mises en œuvre par les agences d'aide (tables rondes, PIS, PDP) tentent de répondre à ces insuffisances et offrent un cadre à la coordination des activités des différents bailleurs de fonds.

Sur le premier plan, ces initiatives fournissent théoriquement une réponse aux difficultés d'analyse et de programmation rencontrées au niveau national. C'est le cas des tables rondes qui organisent et coordonnent, au niveau le plus élevé des instances nationales, une réflexion sur les orientations politiques et les activités à entreprendre, et cela le plus souvent à la suite d'études du fonctionnement et du financement du système ; c'est aussi le cas des PDP et des PIS, qui inscrivent ces orientations dans une programmation pluriannuelle associant activités et dépenses. Dans tous les cas, ces procédures placent la discussion au niveau sectoriel, ce qui est souvent difficile au plan national en raison de la faiblesse des services de planification ou de la multiplication des centres d'autorité. Malgré leur intérêt formel, ces procédures ne permettent pas de répondre à tous les problèmes que pose la phase de planification-programmation. Les plans ou programmes auxquels elles aboutissent restent très imparfaits et leur articulation avec la budgétisation, fictive.

Sur le plan de la coordination des activités des bailleurs de fonds, ces procédures connaissent un succès limité. Les engagements financiers des bailleurs de fonds sont davantage moraux que contractuels. Cette incertitude nuit à l'élaboration de programmes ambitieux que les États concernés peuvent difficilement mettre en œuvre sans être assurés de la permanence, voire de la réalité, des aides annoncées. Plus généralement, l'abandon de la logique de projet au profit de la logique de programme, et plus encore la promotion du « guichet unique », se heurtent à la gestion de l'aide par les bailleurs eux-mêmes. Ces derniers, pour rendre compte à leurs propres contribuables ou pour des raisons plus politiques, restent souvent attachés à la visibilité des aides et sont encore souvent réticents à fondre leurs contributions dans des activités communes de financement.

Au cours de la phase de planification-programmation, l'évaluation des coûts et des capacités de financement, ainsi que le partage de ce financement, s'élaborent de manière plus précise. Toutefois, cette évaluation et ce partage concernent surtout l'aide extérieure et le budget de l'État. La participation des autres sources de financement – collectivités locales et ménages – n'est guère mieux prise en considération que dans la phase précédente.

Par ailleurs, le partage effectif du financement entre le budget de l'État et l'aide extérieure est fortement déterminé par la forme « projet » de celle-ci, l'approche-programme restant encore très fictive.

En outre, l'approche-programme serait-elle plus réelle qu'un partage du financement optimal n'en serait pas pour autant garanti. En tant que telle, elle n'évite pas que plusieurs sources puissent financer une même activité, avec les risques d'incoordination que cela comporte si l'exécution des dépenses n'est pas placée sous une responsabilité unique (*supra*).

1.3 Phase 3 : la budgétisation[25]

On pourrait penser *a priori* que la budgétisation est une phase technique secondaire. Ce n'est pas le cas. Il s'agit bien au contraire d'une phase décisive, même si les budgets ne sont pas toujours exécutés à 100 %.

Rappelons que nous donnons à cette phase une définition large afin d'englober toutes les sources de financement[26] : la budgétisation est la procédure qui aboutit à l'adoption de budgets. Un budget représente une intention ou une promesse de dépenses.

Nous allons examiner successivement la budgétisation relative aux principales sources de financement (budget de l'État, aide extérieure, collectivités locales, ménages).

1.3.1 Le budget de l'État

Un budget est un ensemble de recettes et de dépenses. Toutefois, dans la mesure où nous nous intéressons au seul budget de l'éducation, qui est une partie du budget de l'État, nous n'avons pas à examiner le volet « recettes ». En effet, du principe d'universalité du budget découle la règle

---

25. En ce qui concerne les procédures budgétaires des ministères de l'Éducation, plusieurs études ont été réalisées dans le cadre d'un projet de l'Institut international de planification de l'éducation de l'UNESCO : Daboué, J., Sanou, Y. et Zango, M., *Les procédures budgétaires des ministères de l'éducation au Burkina Faso*, UNESCO/IIPE, Paris, 1996. Ouattara, T., Yapo, A.G. et Maïga, A., *Les procédures budgétaires des ministères de l'éducation en Côte d'Ivoire*, UNESCO/IIPE, Paris, 1998. Konate, A.B., Traoré, N. et Kone, Y., *Les procédures budgétaires des ministères de l'éducation au Mali*, UNESCO/IIPE, Paris, 1996. Kunene, B.5., Muir, P., Phiri, C.M., Sukati, C.W.S. et Zwane, T., *Budgetary procedures in the ministry of Education, Swaziland*, UNESCO/IIPE, Paris, 1997. Madamombe, R.T., Mageza, R.E. et Namasasu, M., *Budgetary processes in education*, UNESCO/IIPE, Paris, 1997.
26. Voir par ailleurs la note 5.
27. Il y a quelques exceptions à ce principe – les comptes spéciaux du Trésor ou les budgets annexes. Toutefois, elles ne concernent que rarement l'éducation.

de non-affectation des recettes aux dépenses ; l'ensemble des recettes du budget de l'État finance l'ensemble des dépenses du même budget[27].

Nous examinerons dans un premier temps la structure du budget, avant d'étudier ensuite la procédure de budgétisation.

1.3.1.2 La structure du budget

Avant d'examiner la structure du budget proprement dite, nous allons examiner brièvement le problème de la pluralité des ministères dont les budgets financent des dépenses d'éducation.

L'existence de plusieurs budgets

Il n'est pas rare que les budgets d'autres ministères que ceux de l'Éducation financent des dépenses d'éducation. Le budget du ministère des Finances peut le faire pour les dépenses communes interministérielles, en finançant par exemple des dépenses d'entretien des bâtiments ; le budget du ministère de la Jeunesse et des sports peut également financer les enseignants d'éducation physique et sportive.

L'existence de plusieurs budgets ne complique pas en tant que tel le processus de budgétisation, mais elle rend plus difficile l'articulation entre la planification-programmation et la budgétisation. Il s'agit seulement d'un problème de coordination, qui n'est toutefois pas de nature à mettre en cause de manière radicale cette existence.

La nomenclature du budget

Dans la plupart des anciennes colonies françaises, la structure de la nomenclature budgétaire[28], comme du reste l'ensemble des procédures budgétaires, est proche de celle de la France. Le budget de l'État est souvent subdivisé en titres, chapitres, articles et paragraphes. Le titre regroupe des chapitres homogènes au regard de la nature des crédits. Le chapitre constitue la subdivision d'une partie d'un titre budgétaire. Il regroupe les dépenses selon leur nature ou leur destination. L'article est une subdivision comptable d'un chapitre budgétaire, nécessitée principalement par l'existence de plusieurs services assurant la gestion des éléments de ce chapitre. Enfin, le paragraphe est une subdivision comptable de l'article, nécessitée par le désir de suivre l'exécution de certaines dépenses.

---

28. Il serait plus juste de parler de « nomenclatures » (nomenclature juridique, économique, fonctionnelle, etc.). Étant donné le point de vue général que nous adoptons ici, nous désignons par « nomenclature » la synthèse de ces différentes nomenclatures.

Généralement, les crédits d'investissement sont regroupés dans un titre, mais il arrive parfois qu'il y ait deux budgets distincts, un budget ordinaire ou de fonctionnement et un budget extraordinaire et d'investissement. Dans certains pays, les projets inscrits au PIP, et donc essentiellement financés sur ressources extérieures, figurent au budget d'investissement de l'État. Il s'agit d'une tentative d'intégration qui reste cependant assez formelle : les dépenses ordinaires ou de fonctionnement financées sur ces projets ne sont pas placées dans le budget ordinaire ou de fonctionnement de l'État.

Les dépenses d'éducation relèvent principalement d'un titre unique – les moyens des ministères par exemple – pour ce qui concerne le fonctionnement des services. D'autres dépenses, telles que les bourses d'études et les subventions ou transferts, relèvent souvent d'un autre titre.

La subdivision en titres est assez semblable d'un pays à l'autre et elle ne pose pas de problèmes particuliers. En revanche, les trois autres subdivisions sont très variables. Le niveau de détail peut être très différent d'un pays à l'autre ainsi que les intitulés des chapitres, des articles et des paragraphes.

Bien qu'il puisse y avoir des modifications de la nomenclature de temps à autre, motivées par exemple par un changement de l'organigramme d'un ministère, elle est relativement stable. Il est par conséquent important qu'elle soit judicieuse.

Pour déterminer la meilleure nomenclature possible, il importe de prendre en considération :
- le principe budgétaire de spécialité, selon lequel l'autorisation budgétaire des dépenses n'est pas donnée en bloc, mais est spécialisée par catégorie de crédit, le crédit autorisé pour une dépense donnée ne pouvant être utilisé à d'autres fins ;
- les contraintes que la nomenclature impose à l'exécution des dépenses ;
- la transposition dans le budget des programmes élaborés en amont ;
- la possibilité du contrôle de la conformité des dépenses effectives au programme.

Le principe budgétaire de spécialité est une contrainte logique : il donne un sens au vote du budget. Le niveau de la nomenclature auquel il s'ap-

---

29. Dans le droit budgétaire français, qui inspire ceux des anciennes colonies françaises, les crédits sont spécialisés par chapitre.

plique peut varier[29] et des crédits globaux peuvent être ouverts pour les dépenses dont la répartition ne peut être déterminée au moment où ils sont votés.

Le pouvoir des membres de l'assemblée législative qui vote le budget, du Premier ministre ou du ministère des Finances qui signent des décrets ou des arrêtés de répartition, sera d'autant plus grand et, *a contrario*, celui des ministères techniques d'autant plus petit, que la nomenclature sera détaillée et l'utilisation des crédits contrainte par le principe de spécialité[30].

Si l'on considère ce seul argument, il est loisible de penser que la nomenclature ne devrait pas être trop détaillée. Prenons l'exemple de crédits alloués à une direction centrale du ministère de l'Éducation pour financer les dépenses afférentes à son propre fonctionnement. La répartition de ces dépenses entre les fournitures de bureau, les frais de cérémonies et les carburants, par exemple, doit-elle être à la discrétion du Premier ministre, du ministre des Finances ou des responsables de cette direction ? La réponse est évidente. (Sous certaines conditions, les affectations budgétaires peuvent être modifiées au cours d'un exercice ou d'une gestion budgétaire par des transferts[31] ou des virements[32] de crédits. Mais ces modifications sont prises par décret ou arrêté du Premier ministre ou du ministre des Finances.)

Cependant, les contraintes que la nomenclature impose à l'exécution des dépenses invitent à aller vers plus de détails au niveau des chapitres ou des articles auxquels correspondent des centres de responsabilité et, par là, des délégations possibles de gestion. En effet, une décentralisation de la gestion de certains crédits peut améliorer celle-ci en la rapprochant de l'expression des besoins et en raccourcissant la durée des procédures. Les auteurs de l'ouvrage sur les procédures budgétaires des ministères de l'éducation au Burkina Faso (note 25) suggèrent par exemple un réaménagement du titre 3 (« Dépenses de matériel ») du budget afin de permettre une dotation des crédits et une délégation de leur gestion par direction dans les ministères de l'Éducation (actuellement, c'est la direction du matériel, qui relève de la direction générale du budget, qui fait une commande globale des matériels, équipements et fournitures,

---

30. Dans les faits, ce pouvoir est surtout exercé par le ministère des Finances, les assemblées législatives étant bien souvent des chambres d'enregistrement.
31. Changement du service responsable de l'exécution d'une dépense, sans modification de la nature de celle-ci.
32. Modification de la nature d'une dépense (exception au principe de spécialité).

qui les stocke dans le magasin central de l'État et qui sert, en cas de besoin, les différents départements ministériels *via* les directions des affaires administratives et financières qui, à leur tour, procèdent à la répartition de ces biens au sein de leur ministère).

Comment concilier ces deux exigences contradictoires – la centralisation de la définition du budget, qui justifie une nomenclature moins détaillée, et la décentralisation de la gestion, qui justifie le contraire ? La réponse théorique est simple : il suffirait que les décisions de répartition et de délégation des crédits s'opèrent graduellement, du haut en bas. Cela nécessiterait une plus grande confiance envers les différents responsables, éventuellement l'instauration de contrôles financiers décentralisés. Dans l'idéal, on pourrait concevoir que les représentants du peuple décident des répartitions interministérielles au vu de programmes globaux, dans lesquels seraient notamment justifiées les mesures nouvelles (définition de la loi de finances), que les ministères des Finances et du Plan instruisent ces répartitions et encadrent certaines répartitions économiques de dépenses, que le ministre de l'Éducation dispose d'une certaine liberté quant à l'utilisation de ses crédits, qu'il puisse établir des délégations de crédits *ad hoc* sur une partie des crédits inscrits sous un poste budgétaire, et que le principe des caisses d'avance soit étendu ainsi que le recours au contrôle *a posteriori*.

Cependant, la définition de la nomenclature et du domaine d'application du principe de spécialité n'est pas seulement commandée par la détermination du partage du pouvoir de décision et de contrôle. Elle l'est également par la nécessité de suivre l'utilisation des crédits.

Cette nécessité peut être exogène à la gestion du système éducatif : le gouvernement peut souhaiter connaître sa consommation globale de carburant, par exemple. De ce point de vue, c'est le détail de la classification économique qui, seul, importe.

Du point de vue du ministère de l'Éducation, c'est la concordance entre le programme et le budget qui justifie la nomenclature. Cette concordance est à la fois utile à la transposition des programmes dans le budget et au contrôle ultérieur de la conformité des dépenses effectives au programme.

Une correspondance bijective entre des rubriques du programme et du budget est exceptionnelle. Si elle était de cette nature entre toutes les rubriques, le programme serait identique au budget. Cette situation existe et doit être examinée. En effet, il est possible, comme nous l'avons mentionné plus haut, qu'il n'y ait ni plan, ni programme entre les documents de politique sectorielle et le budget. Le budget fait alors office de programme (pour le ministère de l'Éducation, bien sûr) ; la programmation se confond avec la budgétisation. Il importe alors que la nomenclature budgétaire permette sans équivoque d'identifier les rubriques associées aux fonctions du secteur de l'éducation : niveaux et types d'enseignement, activités d'enseignement, d'inspection, d'administration, activités induites par l'enseignement (œuvres sociales), etc. ; il est fréquent que ces distinctions ne soient pas explicites dans le budget ou qu'elles ne correspondent qu'imparfaitement à la structure ministérielle censée en rendre compte.

La plupart du temps, les relations entre les rubriques du (ou des) programme(s) et celles du budget sont soit surjectives (chaque rubrique du programme correspond à une seule rubrique du budget et plusieurs rubriques du programme peuvent correspondre à une rubrique unique du budget), soit injectives (chaque rubrique du budget correspond à une seule rubrique du programme et plusieurs rubriques du budget peuvent correspondre à une rubrique unique du programme).

Lorsque les relations sont surjectives, la transposition du programme dans le budget est immédiate, mais le contrôle de la conformité des dépenses effectives au programme est impossible[33]. C'est le contraire qui se produit lorsqu'elles sont injectives : la transposition n'est pas immédiate, mais le contrôle est possible.

Il faut toutefois préférer le second cas au premier. La répartition d'une dépense inscrite au programme dans plusieurs rubriques du budget n'est pas essentielle au regard du projet éducatif, sinon elle aurait été prise en considération dans le programme. Elle peut être exigée pour des raisons étrangères au système éducatif ou considérée comme relevant de critères techniques secondaires ou « allant de soi ». Sa détermination au cours du processus de budgétisation n'est pas problématique. En revanche, l'impossibilité du contrôle de la conformité des dépenses effectives au programme peut être rédhibitoire.

Si les relations sont injectives, cela signifie que la nomenclature budgétaire prend en considération les fonctionnalités du système éducatif, telles qu'elles figurent dans le programme.

---

33. Du moins à partir des seules informations contenues dans le document qui rend compte de l'exécution du budget (loi de règlement ou reddition des comptes).

Naturellement, il est difficile de concevoir une nomenclature budgétaire (permanente) telle que toutes les relations avec tous les programmes possibles soient injectives. Cette nomenclature serait nécessairement trop détaillée. Par ailleurs, l'injection peut être difficile à effectuer si la structure de la nomenclature est trop différente de celle des programmes. Ainsi, tout comme en l'absence de programme (*supra*), on peut retenir le principe que la nomenclature budgétaire permette d'identifier les rubriques associées aux fonctions essentielles du système éducatif.

Ce principe n'est pas toujours respecté. Certains pays connaissent les situations suivantes :

- certains niveaux ou types d'enseignement sont confondus dans le budget : le préélémentaire et le primaire ; le premier et le second cycles du secondaire ; l'enseignement général et l'enseignement technique ; l'alphabétisation et le primaire ;
- les différentes catégories de personnel (enseignants et administratifs) ne sont pas distinguées. Les crédits pour le personnel d'une direction pédagogique, la direction de l'enseignement primaire par exemple, financent à la fois les salaires du personnel de la direction centrale et ceux des instituteurs ;
- les salaires d'une partie des enseignants d'un niveau d'enseignement sont financés sur les crédits pour le personnel d'une direction pédagogique d'un autre niveau d'enseignement ;
- des postes budgétaires assez importants sont placés dans le chapitre d'un cabinet ministériel ou d'un secrétariat général et financent des dépenses – de fournitures scolaires, d'équipement ou d'entretien notamment – pour différents niveaux d'enseignement ;
- les manuels scolaires ou les fournitures techniques spécifiques à l'enseignement ne sont pas distingués.

Les distinctions relatives au personnel peuvent s'expliquer par le regroupement des effectifs par corps professionnel et n'être ainsi pas adaptées aux fonctions du système éducatif. Il serait cependant possible de tenir compte de ces deux critères. Par ailleurs, s'il n'est pas possible de distinguer le personnel de tel niveau ou type d'enseignement parce qu'il peut officier dans un autre niveau ou type d'enseignement – comme les enseignants du second cycle du secondaire qui peuvent enseigner dans le premier cycle –, cela n'empêche pas cependant de distinguer ces niveaux ou types d'enseignement pour les autres catégories de dépenses lorsque les établissements d'enseignement sont distincts (collèges et lycées).

Quelles sont les conséquences, lors de l'allocation des crédits et lors de l'analyse des dépenses effectives, des imperfections de la nomenclature budgétaire ?

Lorsque les relations entre les rubriques du programme et celles du budget sont surjectives, la transposition du premier dans le second est facile, mais le budget n'a plus la mémoire du programme. Il se peut alors que l'exécution des dépenses ne soit pas conforme au programme. Cependant, il ne faut pas exagérer l'importance de ce risque. Le programme ne se définit pas seulement par une liste de dépenses. Les indications d'activités, de mesures qu'il contient ne sont pas gommées dans l'exercice de budgétisation. Tout au plus peut-on dire que le budget n'offre pas une garantie de leur respect.

Plus graves sont les conséquences pour l'analyse des dépenses effectives. S'il n'est pas possible, à la lecture du budget exécuté, de constater le niveau de réalisation du programme, son suivi et les ajustements dont il doit faire l'objet sont en partie compromis ; ils requerront alors des analyses spécifiques qui ne sont pas toujours simples et qui, dans les faits, ne sont effectuées qu'occasionnellement, avec retard et imparfaitement.

Toujours en ce qui concerne les conséquences des imperfections de la nomenclature budgétaire, on peut ajouter qu'une différence de structure trop grande entre le programme et le budget peut consacrer une rupture rédhibitoire dans le processus d'élaboration du projet éducatif. L'élaboration du budget n'est plus, de fait, déterminée par le programme. Et cela peut se produire même si les relations entre le programme et le budget sont injectives et lorsque, en outre, ces relations sont trop éclatées.

Pour ce qui est de l'investissement, souvent distingué dans un budget spécifique, la nomenclature est généralement assez succincte. Là également, elle rend très imparfaitement compte des fonctions du système éducatif.

En fait, s'agissant de l'investissement financé sur ressources internes, le problème est d'une gravité moindre dans la mesure où les montants engagés sont généralement de petite taille : il n'est constitué souvent que de contreparties nationales à des projets financés sur ressources externes.

Toutefois, de plus en plus fréquemment, le budget d'investissement de l'État inclut ces projets. Cette intégration reste très factice puisque l'exécution des dépenses relatives à ces projets reste du ressort des bailleurs de fonds. Cette inscription prend seulement la forme d'une liste de projets. Une partie des dépenses qu'ils financent ne relève pas de l'investissement. La distinction traditionnelle entre l'investissement et le fonctionnement n'est certes pas bien adaptée à la spécificité du secteur éducation, mais celle qui la remplacerait ou la compléterait avantageusement – la distinction entre les dépenses récurrentes et les dépenses non récurrentes – n'est pas mieux respectée.

Nous pouvons à cet égard expliciter les raisons de ce jugement relatif à la distinction investissement-fonctionnement.

L'investissement est un détour de production, un renoncement à une consommation présente pour accroître la capacité productive. Selon cette définition, l'ensemble des dépenses d'éducation peut être considéré comme un investissement. Certains ont du reste proposé qu'il en soit ainsi. Cependant, si cette conception est valable d'un point de vue macro-économique, elle n'a évidemment plus d'intérêt si l'on considère le système éducatif en soi, sinon celui de faire l'économie de la distinction investissement-fonctionnement. Par ailleurs, une dépense d'éducation peut être simultanément un investissement et une consommation, sans qu'il soit possible de distinguer analytiquement l'un et l'autre.

En se situant à l'intérieur du système éducatif, c'est-à-dire en considérant son efficacité interne et non plus externe, il n'est pas *a priori* insensé de rechercher une distinction de l'investissement qui soit fondée sur la notion de détour de production ou d'accroissement de la capacité productive. Toutefois, l'application de ce principe se révèle être complexe ; l'analogie entre la production scolaire et la production matérielle a des limites. Si l'on respecte scrupuleusement ce principe, en quoi le salaire d'un nouveau maître placé dans une nouvelle école serait-il de nature différente de celle du coût de la construction de cette école ?

Bien que la notion d'investissement immatériel commence à être introduite dans les classifications, on résout généralement le problème de la distinction entre l'investissement et le fonctionnement en assimilant le premier aux dépenses en capital et le second aux dépenses ordinaires. Selon la définition du *System of National Accounts*, les dépenses en capital sont les dépenses pour les biens dont la durée de vie dépasse un an et dont la valeur est significative. Cette définition, pour être officielle, n'en est pas pour autant précise. Quel est le niveau à partir duquel la valeur est significative ? Certes, cela peut se régler par une convention, mais cette convention doit avoir un sens.

Si l'on considère l'achat d'une agrafeuse comme une dépense ordinaire, bien que sa durée de vie puisse excéder celle d'une construction scolaire, c'est parce qu'elle est placée sous une rubrique de dépenses où l'on regroupe un ensemble suffisamment grand de biens de faible valeur et de durée de vie variable, de telle sorte que la dépense annuelle pour cet ensemble est à peu près constante à niveau de fonctionnement donné. La dépense est en effet d'autant plus stable que le nombre de biens est grand et que leur valeur est faible.

Ainsi, la distinction ordinaire/capital est relative à la taille d'un budget. Pour un ménage, l'achat d'un micro-ordinateur peut être considéré comme une dépense en capital, tandis qu'il s'agit d'une dépense ordinaire pour un ministère important.

Ce qu'il faut retenir dans cette distinction, c'est le critère de récurrence. Or, c'est un critère intéressant qui peut être utilisé pour définir, au sein du système éducatif, la distinction entre investissement et fonctionnement : les dépenses de fonctionnement sont les dépenses récurrentes, et les dépenses d'investissement sont les dépenses non récurrentes. Plus précisément, on peut définir la récurrence ainsi : sont récurrentes les dépenses dont le renouvellement est nécessaire au maintien des niveaux quantitatif et qualitatif du système éducatif.

Cette définition permet de ranger dans l'investissement certaines dépenses de personnel, de biens et de services, notamment les dépenses relatives à l'investissement immatériel (pour une étude relative à la gestion du personnel, par exemple).

Les imperfections de la nomenclature budgétaire des ministères de l'Éducation peuvent avoir diverses explications. Leur correction requiert peut-être une prise en considération de leur importance, une implication plus grande des ministères de l'Éducation lors des révisions de cette nomenclature et un pouvoir institutionnel plus fort de ces mêmes ministères en regard de celui des ministères des Finances.

1.3.1.3 La procédure de budgétisation

Une bonne nomenclature budgétaire, dotée d'une classification fonctionnelle adaptée au système éducatif et cohérente avec l'expression des programmes dont elle permet une transposition facile dans le budget, est une condition nécessaire mais non suffisante pour assurer cette transposition. Encore faut-il que la procédure de budgétisation s'enchaîne à celle de planification-programmation.

Sans entrer dans le détail du calendrier budgétaire, qui varie d'ailleurs d'un pays à l'autre, on peut distinguer trois étapes essentielles dans la procédure d'élaboration du budget : la première consiste en l'envoi par le ministère des Finances d'une lettre circulaire de programmation budgétaire (ou lettre de cadrage) aux ministères dits dépensiers, dont celui de l'Éducation ; la deuxième est la préparation par ces ministères d'une proposition de budget ; la troisième, la négociation de cette proposition (conférences budgétaires) avec le ministère des Finances et éventuellement le ministère du Plan, notamment en ce qui concerne le budget d'investissement.

Dans la préparation budgétaire française, dont les anciennes colonies françaises s'inspirent, la lettre de cadrage n'initie qu'une première phase de préparation et de négociation. Elle est suivie d'une seconde lettre (« lettre de plafond ») qui initie une seconde phase du même type. Deux allers-retours entre le ministère des Finances et celui de l'Éducation sont certainement préférables à un seul, mais la lenteur des processus administratifs en Afrique subsaharienne rend son utilisation difficile, le calendrier budgétaire étant bien sûr contraint dans la durée d'une année civile[34].

Par ailleurs, il n'est pas rare que la période séparant les conférences budgétaires (phase de négociation) de l'envoi de la lettre de cadrage soit trop courte (un ou deux mois) compte tenu des capacités du ministère de l'Éducation à élaborer une proposition convaincante. Ce problème a par exemple été résolu au Bénin où une « lettre de lancement » est envoyée dès janvier de l'année n-1 par le ministre de l'Éducation à toutes les structures relevant de sa tutelle. Cette lettre rappelle la procédure de préparation du budget et invite ces différentes structures à la mettre en œuvre en respectant certaines règles d'augmentation des crédits.

La lettre circulaire de programmation budgétaire

La première étape consiste donc en l'envoi par le ministère des Finances d'une « lettre circulaire de programmation budgétaire »[35] aux ministères techniques, dont celui de l'Éducation, lettre qui présente les données générales de la politique budgétaire (note de conjoncture économique) et donne des instructions relatives à l'élaboration de son budget (consignes en matière de recettes et de dépenses).

---

34. Même si l'année budgétaire ne coïncide pas avec l'année civile.
35. Parfois appelée « lettre de cadrage », comme au Bénin, selon des termes utilisés en France. Au Burkina Faso, la « circulaire budgétaire » est signée par le président de la République.

La formulation de cette lettre revêt une importance cruciale. Or, elle comporte souvent un vice très grave.

Il est tout à fait normal qu'il y ait dans un premier temps un cadrage du budget de l'État par le ministère des Finances, déduit de projections macro-économiques établies au préalable. Le calcul de l'enveloppe de financement du budget de l'État ainsi que sa répartition entre les ministères techniques est indiscutablement du ressort de ce ministère.

En réalité, la politique budgétaire est très faible dans les pays d'Afrique subsaharienne, voire inexistante dans certains. Mais le vice dont nous voulons parler est d'une autre nature.

Très souvent, la lettre indique deux enveloppes distinctes : d'une part, un nombre de nouveaux postes budgétaires ; d'autre part, un taux d'accroissement des crédits de fonctionnement[36]. Les arbitrages internes aux secteurs entre les dépenses de personnel et les dépenses de fonctionnement sont ainsi effectués par le ministère des Finances.

Certes, la fixation des deux enveloppes peut être instruite par les objectifs et les priorités sectoriels. Ainsi, si le gouvernement décide de créer 1 000 nouveaux postes budgétaires pour l'ensemble des secteurs, il pourra en accorder une partie importante à l'éducation, en tenant compte de la politique de ce secteur. Il peut faire de même, *mutatis mutandis*, en ce qui concerne les crédits de fonctionnement, mais il serait illogique d'en déduire que l'arbitrage entre les dépenses de personnel et les dépenses de fonctionnement du secteur éducation est de fait effectué par le ministère de l'Éducation. Si tel était le cas, la lettre de cadrage perdrait son sens. Au mieux, le ministère des Finances effectue un arbitrage global entre les crédits de fonctionnement et les crédits de personnel, puis il répartit les crédits de chaque catégorie entre les ministères techniques en tenant compte des priorités qu'il accorde aux différents secteurs.

Avant d'examiner les conséquences de la « confiscation » de l'arbitrage sectoriel « personnel/fonctionnement » par le ministère des Finances, notons qu'elle résulte de l'existence du même arbitrage au niveau global. Certes, il est normal que le ministère des Finances ait son mot à dire quant à la répartition économique des dépenses (dépenses de personnel, dépenses de fonctionnement, dépenses d'investissement), notamment dans la mesure où elles ont un caractère plus ou moins récurrent et, par

---

36. Par crédits ou dépenses de fonctionnement, nous entendons les crédits ou dépenses de fonctionnement autres que de personnel.

là, des conséquences différentes sur l'évolution ultérieure du budget de l'État. Toutefois, les critères de cette répartition globale ne peuvent en aucun cas prévaloir sur les critères sectoriels. Le ministère des Finances pourrait par conséquent adopter un système de fourchettes pour chaque catégorie de crédit et pour l'ensemble des crédits, à l'intérieur desquelles les arbitrages au sein de chaque secteur seraient contraints.

Il convient de mentionner que les enveloppes, distinctes donc, sont souvent fixées sur les recommandations du Fond monétaire international, dans le cadre de programmes d'ajustement structurel par exemple.

L'impossibilité pour le ministère de l'Éducation d'effectuer un arbitrage entre les dépenses de personnel et les dépenses de fonctionnement est l'un des problèmes majeurs du financement de l'éducation. Cette impossibilité nuit au bon équilibre entre les deux catégories de dépenses. Cet équilibre est important. Or, il n'est pas stable : il n'y a pas de forces qui tendent naturellement à le rétablir. Les systèmes éducatifs africains se maintiennent dans des situations où les personnels, qu'ils soient enseignants ou non, ne disposent pas des moyens nécessaires à leurs missions.

Comme nous l'avons déjà mentionné, les plans et les programmes sont la plupart du temps assez généraux. Ils ne prévoient jamais les montants financiers nécessaires au travail de toutes les catégories de personnel, en fonction de leurs effectifs. Ils sont le plus souvent focalisés sur des actions et des mesures nouvelles qui ne représentent qu'une partie de l'ensemble des activités du ministère. Ainsi, la budgétisation dispose d'un certain degré de liberté quant à la répartition des ressources. Un mauvais équilibre de cette répartition peut alors ne pas remettre en cause le plan ou le programme. Du reste, si tel n'était pas le cas, si le plan ou le programme indiquait une répartition précise entre les dépenses de personnel et les dépenses de fonctionnement, il serait alors corrigé si la budgétisation ne respectait pas cette répartition. Le plan ou le programme (notamment le PDP) doit instruire la budgétisation, mais il ne la détermine pas ; le PDP, par exemple, doit être ajusté après la budgétisation (voir section 1.2.2.3).

Toutefois, l'impossibilité pour le ministère de l'Éducation d'arbitrer entre les crédits de personnel et les crédits de fonctionnement ne devrait pas nécessairement l'empêcher d'effectuer une répartition équilibrée. En effet, les enveloppes indiquent des plafonds. Le ministère pourrait alors, par exemple, ne demander qu'une partie des postes budgétaires qui lui sont offerts, compte tenu des crédits de fonctionnement dont il peut disposer. On comprend aisément qu'il n'en fasse rien, même si cela n'est pas forcément judicieux. La plupart du temps, les demandes du ministère de l'Éducation excèdent les plafonds de crédits qui lui sont offerts, sauf lorsque les programmes ont été établis avec réalisme. Le renoncement à une partie des crédits est par conséquent difficile.

On pourrait penser que le ministère de l'Éducation peut négocier, au cours des conférences budgétaires, une modification des plafonds qui n'implique pas une augmentation globale des crédits, en demandant par exemple une diminution du nombre de postes budgétaires contre une augmentation des crédits de fonctionnement. Dans les faits, cela ne se produit pas, ou rarement. Nous avons pu constater à Madagascar, et cela est probablement vrai ailleurs, que les arbitrages qu'implique cette négociation n'entraient pas dans la logique des parties en présence. Interrogé sur l'éventualité d'une demande de conversion des postes budgétaires en crédits de fonctionnement, le secrétaire général du ministère de l'Éducation craignait qu'elle ne se traduise par une diminution d'un côté sans augmentation conséquente de l'autre. Interrogé à son tour, le directeur du budget du ministère des Finances refusait l'examen même de cette conversion, sûr que, l'acceptant, il se trouverait plus tard devant l'obligation de recruter les sortants des écoles de formation.

L'impossibilité de l'arbitrage entre les dépenses de personnel et les dépenses de fonctionnement ou même le seul fait que cet arbitrage ne soit pas considéré n'est pas seulement néfaste à court terme, pour l'année budgétaire à venir. Elle l'est également à long terme. Du reste, l'enjeu de cet arbitrage est souvent minime à court terme ; dans le secteur éducatif, les modifications de la structure des dépenses nécessitent du temps. Pour cette raison, on en sous-estime l'importance.

En effet, l'élaboration des programmes à moyen ou long terme intègre implicitement cette impossibilité. Les projections de dépenses de fonctionnement des services sont souvent établies sur la base des taux d'accroissement acquis dans le passé.

A notre sens, la possibilité d'arbitrage devrait se traduire dans la plupart, sinon la totalité, des pays d'Afrique subsaharienne par une moindre augmentation des dépenses de personnel au profit d'une augmentation plus

---

37. Voir *supra* la discussion relative à la combinaison quantité-qualité.

grande des dépenses de fonctionnement et ainsi, par une amélioration du rapport entre la quantité et la qualité de l'éducation.

Même si l'on conteste ce point de vue, si l'on préconise avant tout un accroissement des taux de scolarisation[37], on doit reconnaître l'existence fréquente de poches de sureffectifs dans les systèmes éducatifs africains. Il peut s'agir notamment de personnel non enseignant, de personnel administratif, voire de personnel enseignant dans les niveaux d'études secondaire et supérieur ou d'enseignants suppléants dans le niveau primaire. Or, l'impossibilité de l'arbitrage n'est pas propre à encourager les mutations nécessaires de personnel.

Enfin, il faut ajouter que la possibilité d'arbitrer entre les crédits de personnel et les crédits de fonctionnement encouragerait un calcul plus juste et plus précis des dépenses de personnel et de leur répartition entre les différents niveaux d'études. Il arrive que la différence entre les dépenses réelles de personnel d'un niveau d'études et les crédits qui les financent soit élevée (au Burundi, elle a atteint jusqu'à 20 %). L'enjeu d'un arbitrage peut donc être parfois très important.

La préparation de la proposition budgétaire

Après réception de la lettre circulaire de programmation budgétaire, le ministère de l'Éducation prépare sa proposition budgétaire. Lorsqu'un plan ou un programme a préalablement été élaboré, cette préparation devrait consister à le transposer dans la nomenclature budgétaire. En fonction de la nomenclature, cette transposition est plus ou moins facile (*supra*). Elle peut requérir des répartitions qui doivent être instruites spécialement. Il est probable que les difficultés de cette transposition expliquent en partie le cloisonnement qui existe souvent entre le programme et le budget. Mais elles n'en sont pas les seules causes. L'organisation même de la préparation en est une.

Très souvent, et même s'il existe un programme (un PDP par exemple), le travail de préparation budgétaire est rarement coordonné par une équipe ou un service compétent en matière de planification et de programmation. Dans la plupart des pays, c'est la direction administrative et financière qui est chargée de cette coordination. Ce n'est pourtant jamais elle qui élabore le plan ou le programme. La direction de la planification, qui élabore les plans ou les programmes, n'est presque jamais impliquée dans cette préparation budgétaire.

Les différentes structures du ministère sont invitées à faire leur proposition de budget. Parfois, il leur est demandé de respecter les indications de la lettre circulaire de programmation budgétaire. Parfois aussi, mais cette tendance est probablement en train de disparaître, aucune directive ne leur est donnée. Citons à cet égard l'exemple du Bénin d'avant 1996[38] ; la description suivante est extraite de l'étude effectuée dans le cadre du groupe de travail sur les finances et l'éducation (voir l'annexe) :

« Le processus de préparation du budget de fonctionnement hors personnel a connu une évolution dans le temps. Jusqu'à une période récente, la préparation du budget était lancée à quelques jours de la date de démarrage de la conférence budgétaire avec le ministère des Finances.

Le responsable des ressources financières du ministère déclenchait l'opération par une lettre adressée à toutes les structures sous tutelle du MENRS (ministère de l'Éducation nationale et de la recherche scientifique). Cette lettre, qui indiquait la date limite à laquelle les projets de budget devaient parvenir au ministère, ne donnait aucune indication sur la limite des crédits accordés à chaque structure, notamment en ce qui concerne les charges réparties[39].

De ce fait, les propositions budgétaires qui parvenaient au MENRS étaient disproportionnées par rapport à l'enveloppe budgétaire mise à sa disposition. Par conséquent, elles étaient inexploitables d'autant qu'elles n'étaient appuyées ni par un programme d'activités, ni par les objectifs à atteindre. En l'absence d'une instance d'arbitrage et de concertation interne et face à des propositions de budget hors proportion, les responsables budgétaires étaient contraints d'utiliser comme élément de référence le budget de l'année précédente, auquel était affecté un coefficient de pondération selon la nature des dépenses.

Cette façon de procéder induisait une reproduction quasi identique du budget des années antérieures aux détails de présentation près. Dès lors, la préparation budgétaire était déconnectée de toute vision stratégique à moyen terme.

Par ailleurs, il faut observer que cette méthode incrémentielle de préparation budgétaire était démotivante pour les personnes impliquées au niveau des différentes structures du ministère en raison du fait que les propositions

---

38. Une réforme budgétaire a été adoptée à cette date, nous l'examinerons dans la dernière partie.
39. Au Bénin, une partie importante des ressources allouées à l'éducation se trouve dans les charges non réparties (dans les ministères) du budget général de l'État. Il s'agit notamment des crédits pour les examens, des bourses, secours et accessoires, des subventions aux institutions d'enseignement et de recherche à caractère autonome, ainsi que de crédits pour des dépenses de fonctionnement destinées à la mise en œuvre de la réforme de l'enseignement primaire ou à renforcer les frais de formation ou la maintenance des infrastructures scolaires.

qui partaient du ministère ne reflétaient pas celles qui étaient issues de la base. »[40]

Comme dans le cas qui vient d'être décrit, il n'est pas rare que le taux d'accroissement des dépenses de fonctionnement hors personnel prescrit dans la lettre circulaire de programmation budgétaire soit appliqué uniformément au budget de toutes les structures du ministère de l'Éducation. Toutefois, la gravité du problème est fonction de l'importance des montants financiers en jeu. Or souvent, les crédits de fonctionnement hors personnel sont peu importants.

L'attribution de la préparation budgétaire à un service non compétent en matière de planification peut se doubler d'une division de cette préparation selon la nature des dépenses. Au Swaziland, cette division est institutionnalisée : la préparation du budget de fonctionnement est confiée au service financier du ministère (*financial controller office*) tandis que celle du budget d'investissement (*capital budget*) est du ressort d'une unité de planification et de recherche (*research and planning unit*). Cette séparation consacre la conception incrémentielle de la préparation du budget de fonctionnement dénoncée dans le cas du Bénin que nous venons d'évoquer.

Il nous faut justifier ce jugement : pourquoi la méthode incrémentielle serait-elle inappropriée ?

Elle est de fait appliquée dans les pays développés pour une partie importante des dépenses. Dans le système français, par exemple, une distinction est faite dans la loi de finances entre les services votés et les mesures nouvelles, pour les dépenses ordinaires comme pour les dépenses en capital. Les services votés représentent le minimum de dotations que le gouvernement juge indispensable pour poursuivre l'exécution des services publics dans les conditions qui ont été approuvées l'année précédente par le Parlement ; les mesures nouvelles représentent les modifications proposées dans le projet de budget par rapport au montant des services votés. Pour les dépenses ordinaires, les mesures nouvelles peuvent concerner des mesures liées à une modification de l'activité ou de l'organisation d'un service ou intéresser la situation du personnel (créations, suppressions et transformations d'emplois) ; pour les dépenses en capital, il peut s'agir d'opérations futures dont la réalisation a été prévue antérieurement.

---

40. Extrait de *Financement de l'éducation et réformes budgétaires au Bénin*, ministère de l'Éducation nationale et de la recherche scientifique, ADEA, CODESRIA, Cotonou, janvier 1999, page 40.

En France, les mesures nouvelles ne représentent qu'environ 3 % des dépenses ordinaires. Les 97 % restants peuvent donc être considérés comme générés de manière incrémentielle.

La distinction entre les services votés et les mesures nouvelles existe également dans les systèmes budgétaires africains. Cependant, il y a une différence fondamentale entre la situation des pays développés et celle des pays africains : dans les premiers, on peut considérer que le fonctionnement régulier des services est assuré de manière convenable et que les ajustements de la répartition des crédits de fonctionnement peuvent être marginaux et réalisés *via* les mesures nouvelles. Dans les seconds, en revanche, les ajustements souhaitables sont potentiellement importants ; l'arbitrage entre la quantité et la qualité a des enjeux considérables, alors qu'il est presque sans objet dans les pays développés ; de même en ce qui concerne la répartition des crédits entre les différents niveaux d'enseignement. Comme nous l'avons vu, l'inefficience des systèmes éducatifs s'observe aussi bien dans les pays développés que dans les pays en développement (voir aussi chapitre 4), mais les enjeux relatifs de la répartition des ressources sont plus importants dans les derniers pays que dans les premiers.

Dans les pays d'Afrique subsaharienne, le recours à la méthode incrémentielle n'est pas condamnable au nom de la logique budgétaire, elle l'est parce qu'elle prive la politique éducative d'arbitrages conséquents dans l'allocation des ressources.

La séparation entre les budgétisations du fonctionnement et de l'investissement, qu'elle se manifeste ou non par l'implication de services ou de ministères différents – séparation qui résulte dans une large mesure d'un partage du financement qui attribue *grosso modo* l'investissement à l'aide extérieure et le fonctionnement au ministère de l'Éducation – révèle son inopportunité dans la prise en considération des charges récurrentes impliquées par les investissements. Soit ces charges récurrentes, même calculées dans un PDP par exemple, ne sont tout simplement pas prises en compte dans le budget de fonctionnement, soit elles le sont, mais en étant diluées dans des catégories générales qui ne permettent pas de les distinguer des autres moyens de fonctionnement. Dans ce dernier cas, la séparation empêche la prise de conscience du problème des critères du calcul de ces charges récurrentes (*supra*).

La préparation de la proposition budgétaire, quelles que soient ses circonstances, implique des calculs prévisionnels de dépenses. Nous avons vu que ces calculs étaient contraints dans des enveloppes précises. Cependant, en ce qui concerne le personnel, l'enveloppe indique un nombre de nouveaux postes budgétaires et non pas une masse salariale. Cela n'est pas critiquable. Le calcul de la masse salariale, parfois distinguée dans le budget en ses deux composantes (masse salariale du personnel en poste et masse salariale due aux recrutements)[41], doit néanmoins être effectué. Or ce calcul, effectué le plus souvent par le ministère de l'Éducation et contrôlé par le ministère des Finances, est parfois rudimentaire et, de ce fait, imprécis. Au Burundi, par exemple, dans les années 90, il était accompli manuellement sans tenir compte de la situation effective du personnel dans la grille indiciaire. Ainsi, nous avions pu observer une surestimation sensible de la masse salariale de l'enseignement primaire. Cette surestimation faussait notamment les discussions relatives à la répartition des ressources entre le primaire et le supérieur (relevant de deux ministères distincts), car elles se fondaient sur les budgets votés.

Les négociations budgétaires

Les négociations entre le ministère de l'Éducation et le ministère des Finances ont lieu au cours de conférences budgétaires. Leur intérêt est le plus souvent d'ordre pratique que stratégique : elles sont l'occasion de finaliser la proposition budgétaire en corrigeant d'éventuelles erreurs de calcul, en veillant au respect de la lettre circulaire de programmation budgétaire.

Elles peuvent être parfois l'occasion de discuter le montant des crédits proposés pour tel ou tel poste budgétaire, ce qui peut mettre en cause le montant global de l'enveloppe proposée. En cas de désaccord entre les deux ministères, c'est le Premier ministre qui arbitre. Mais il s'agit de problèmes ponctuels précis, souvent de nature politique. Il n'y a pas de véritable négociation de l'ensemble du budget soutenue du côté du ministère de l'Éducation par une argumentation solide, fondée sur un plan ou un programme.

On pense parfois que le pouvoir de négociation du ministère de l'Éducation est trop faible par rapport à celui du ministère des Finances, et qu'il faudrait le renforcer. C'est peut-être mal poser le problème et, première remarque, il n'est pas certain que ce soit vrai.

---

41. Comme aux Comores, par exemple.

Les capacités de négociation sont renforcées par un dossier solide (un plan ou un programme) et par une bonne connaissance de ce dossier. Le ministère de l'Éducation a toujours, quelle que soit sa force, un avantage technique sur le ministère des Finances ; mais par ailleurs, les capacités politiques de négociation priment le plus souvent sur les capacités techniques. Le problème de la négociation ne nous paraît donc pas être celui des rapports de forces entre ministère des Finances et ministère de l'Éducation, mais celui des règles et des enjeux de cette négociation. Or, celles-ci comme ceux-là sont souvent inexistants.

1.3.2 L'aide extérieure

L'aide extérieure est multiforme : multilatérale, bilatérale ou non gouvernementale. Dans de nombreux pays, on peut dénombrer entre dix et 20 partenaires relevant des deux premières catégories ; les ONG sont parfois plus nombreuses.

Un examen individuel des budgets, qui ne sont pas partout les mêmes et qui ne concernent pas le pays receveur, est impossible et, de toutes les manières, nous nous intéressons davantage aux formes que prend l'engagement des partenaires vis-à-vis d'un pays qu'aux procédures budgétaires particulières à chaque partenaire.

Comme nous l'avons déjà indiqué, cet engagement prend souvent la forme de conventions de financement, du moins pour les partenaires bilatéraux et multilatéraux, qui peuvent être signées par le ministre de l'Éducation du pays receveur, mais qui le sont généralement par le ministre chargé de la coopération. Il arrive donc très souvent que l'information qu'elles contiennent ne soit pas directement disponible pour le ministère de l'Éducation. Celui-ci peut naturellement en obtenir une copie sans difficulté. De fait, cependant, il est rare que le service chargé de la planification de l'éducation en possède une.

Il ne s'agit pas ici de dénoncer la responsabilité de la signature, mais l'absence de procédure systématique de transmission de l'information. Cependant, on remarquera que la non-disponibilité de l'information dans le service de planification renvoie aussi bien à cette absence de procédure qu'au manque de motivation de ce service à l'obtenir.

L'information relative à l'aide des ONG est, quant à elle, bien moins accessible. S'il existe assez souvent des organismes fédérateurs des ONG (un secrétariat permanent, par exemple), ils ne fédèrent pas toutes les ONG et ils sont rarement en mesure de communiquer les budgets des

ONG qu'ils fédèrent. Toutefois, l'ensemble des ONG ne finance souvent qu'une part modeste des dépenses publiques d'éducation.

Qu'il s'agisse des organismes multilatéraux, bilatéraux ou des ONG, le recensement de leurs budgets par les instances chargées de la planification de l'ensemble du secteur éducatif est très difficile, bien plus que celui des programmes. A notre connaissance, il n'est jamais réalisé. Au mieux, l'information centralisée relative à l'aide extérieure s'arrête au PDP, s'il existe.

On peut bien sûr mettre en doute l'utilité de cette centralisation, dans la mesure où les projets financés par l'aide extérieure définissent le plus souvent un ensemble d'activités relativement autonomes. Ne suffirait-il donc pas que ces activités soient correctement intégrées au niveau de la planification-programmation ? Cette remarque est en partie vraie. Toutefois, cette centralisation serait d'autant plus utile que le partage du financement n'est pas clairement défini, notamment pour certaines catégories de dépenses (les manuels du primaire, par exemple), souvent financées par plusieurs sources. Par ailleurs, cette absence de centralisation systématique nuit au contrôle *a posteriori* des dépenses.

Si les conventions de financement peuvent être considérées, du point de vue du pays receveur, comme des budgets (au sens extensif de promesse de dépenses), elles n'en ont en général pas la forme habituelle et les montants financiers qui y sont indiqués sont la plupart du temps globaux ; elles concernent par ailleurs l'engagement sur la durée du projet et le calendrier des déboursements n'est pas toujours établi.

Dans la plupart des cas cependant, les projets donnent lieu à l'élaboration de budgets annuels. Ces budgets ne représentent pas un engagement vis-à-vis du pays receveur, et les partenaires extérieurs ne sont pas tenus de les communiquer aux autorités concernées de ce pays.

Rappelons aussi que ces budgets ont des nomenclatures naturellement très variables selon les pays et, même s'ils étaient communiqués avant leur exécution au service chargé de la planification et de la programmation, leur consolidation serait difficile. Notre expérience dans le domaine de la santé (*supra*) nous a montré que cette opération nécessite des enquêtes et un travail analytique assez important qui ne peuvent être entrepris sans une collaboration active des partenaires extérieurs.

1.3.3 Les collectivités locales

Il est fréquent que les collectivités locales soient impliquées dans le financement de l'éducation. On leur confie généralement certains types de dépenses, comme les constructions d'écoles primaires, leur entretien ou le paiement d'une partie du personnel non enseignant.

Les collectivités locales établissent généralement un budget dans lequel peuvent figurer des dépenses d'éducation. Il n'est pas rare que la nomenclature de ces dépenses soit alors réduite à la plus simple expression. Il y a néanmoins presque toujours une distinction entre les dépenses de personnel et les autres dépenses. Il s'agit toutefois d'un problème mineur et facile à corriger, dans la mesure où les dépenses sont peu diversifiées.

Plus grave est le fait que ces budgets ne soient jamais centralisés au ministère de l'éducation. On peut les trouver au ministère de l'intérieur, mais pas toujours, ou pas tous, et souvent ils lui sont communiqués avec retard.

1.3.4 Les ménages

Nous l'avons dit plus haut, nous supposons l'existence d'un budget virtuel pour l'ensemble des ménages et nous définissons la budgétisation comme l'ensemble des mesures qui le garantissent.

Dans l'enseignement public, les ménages participent directement au financement de deux types de dépenses : les dépenses individuelles – achat de manuels et fournitures scolaires, d'uniformes, frais de transport, etc. – et les dépenses collectives – droits de scolarité, cotisations à des coopératives scolaires, associations de parents d'élèves, apports en nature pour des constructions scolaires.

Les premiers types de dépenses sont presque toujours libres. S'il est fréquent que les listes de manuels et de fournitures scolaires soient établies par la direction pédagogique concernée, voire par les établissements scolaires, elles ont rarement un caractère contraignant. De sorte que la possession de ces manuels et fournitures scolaires est, de fait, très insuffisante. Le préjudice de cette insuffisance n'est pas seulement subi par les élèves démunis : lorsque ceux-ci sont trop nombreux dans une classe, il l'est également par les autres, car l'enseignant doit alors adopter une pédagogie qui en tient compte (partage des livres, écriture systématique au tableau, renoncement à certains exercices nécessitant certains outils, etc.).

La cause principale de l'insuffisance de ce financement individuel est la pauvreté des parents d'élèves. L'établissement d'une obligation d'acquisition a peu d'effet ; l'assortir de sanction pourrait conduire à interdire l'accès à l'école.

Le problème ne se situe donc pas principalement au niveau de la budgétisation, mais au niveau de la politique ou de la planification. Il est toutefois possible que le non-achat d'un manuel par les parents puisse être dû au caractère non obligatoire de cet achat. Dans une certaine mesure, le manuel est un bien collectif : on éprouvera d'autant plus le besoin de l'acheter que nombreux seront les parents qui l'auront fait.

Les dépenses individuelles rencontrent un autre problème de budgétisation – la question de l'information. Si les listes de matériel scolaire sont le plus souvent communiquées aux parents, ce n'est pas systématique et, par ailleurs, même si ces listes existent, les parents, souvent analphabètes, ne sont pas toujours en mesure d'en tenir compte.

Les manuels et les fournitures scolaires sont des éléments importants, sinon essentiels, de la technologie éducative. Bien qu'ils soient relativement peu coûteux, l'organisation du financement de l'éducation en Afrique subsaharienne n'en assure pas la disponibilité. On touche là à l'un des problèmes majeurs de cette organisation.

Les seconds types de dépenses – les dépenses collectives – sont mieux assurés, mais la situation n'est pas encore parfaite. Pour les droits de scolarité, perçus le plus souvent dans les écoles, le recouvrement est rarement total : au Burundi, au début des années 90, le taux de recouvrement du minerval était proche de 80 % ; en Tanzanie, sur la période récente, les droits de scolarité – qui devaient représenter 30 % des recettes de l'enseignement primaire – n'ont en fait constitué que 0,6 %. Cela est toutefois peu préjudiciable. Il est en effet assez facile de prévoir ce taux, qui a des chances d'être relativement stable d'une année à l'autre. Si, comme c'est souvent le cas, les recettes alimentent le budget de fonctionnement des établissements scolaires, l'insuffisance du taux de recouvrement n'est dommageable que s'il varie beaucoup selon les écoles.

1.3.5 Conclusions

La phase de budgétisation est d'une grande importance dans l'ensemble de l'activité de financement, dans la mesure où elle concrétise les promesses de dépenses correspondant aux programmes d'activités.

Plus que le caractère codifié de la procédure, dont on a rappelé la signification, le principal problème relevé au niveau de l'État concerne la séparation des attributions budgétaires pour les dotations en personnel (qui relèvent d'un arbitrage global au niveau de l'ensemble du gouvernement) et les autres dépenses de fonctionnement. En privant les ministères techniques, dont celui qui est en charge de l'éducation, d'un arbitrage entre crédits en personnel et crédits de fonctionnement, cette procédure limite singulièrement les possibilités qui leur sont théoriquement offertes de définir une politique sectorielle autonome et responsable.

Le recours fréquent à un ajustement incrémentiel des dotations va dans le même sens. Cette pratique, si elle se comprend aisément dans les pays développés où elle assure le maintien des services alors que le développement du système est géré au travers des mesures nouvelles et du budget d'investissement, est peu adaptée aux pays en développement pour lesquels le poids des contraintes fait que les arbitrages peuvent concerner les dotations existantes. Par ailleurs, elle est particulièrement conservatrice au sens où elle ne permet pas l'expression de priorités. Enfin, elle a sans aucun doute, tout comme la précédente, un effet fâcheux sur la motivation des personnes et des services en charge de la planification, de la programmation et de la préparation budgétaire au niveau sectoriel.

Les budgets des différents financeurs constituent de fait les éléments sur lesquels pourront reposer dans le futur les analyses des dépenses et du financement. Les nomenclatures utilisées en ce qui concerne l'État et, plus fondamentalement, les contraintes techniques qui affectent la présentation des dépenses, limitent cette « lisibilité ». La situation est encore plus délicate pour les contributions des collectivités locales et de l'aide extérieure. L'analyse des dépenses de l'ensemble du secteur ne peut alors se faire sans une « reconstruction » et une consolidation d'éléments de types et de nature variés qui n'en font pas une activité routinière et banale.

La contribution des ménages est bien souvent une promesse de dépense faite à leur insu et sans référence à leurs capacités réelles de financement. Cela présente de nombreux inconvénients lorsque cette contribution porte sur l'achat de manuels dont le caractère de bien public justifierait un financement collectif. Plus largement, la difficulté réside dans le peu de moyens de coercition dont disposent les établissements scolaires pour s'assurer du respect des « engagements » des ménages. Du reste, disposent-ils d'un autre moyen que celui d'exclure les enfants des familles défaillantes ? En useraient-ils qu'ils mettraient parfois en cause la scolarité obligatoire.

1.4 Phase 4 : l'exécution des dépenses

L'exécution des dépenses recouvre l'ensemble des procédures qui rendent effectives les dépenses prévues dans les budgets. Comme pour la budgétisation, nous allons examiner successivement cette dernière phase pour chaque source de financement (budget de l'État, aide extérieure, collectivités locales et ménages).

1.4.1 Le budget de l'État

Les règles d'exécution du budget de l'État diffèrent selon les pays. Elles sont toutefois largement déterminées par l'histoire coloniale et donc par les systèmes des anciennes métropoles. Nous n'examinerons pas ici le détail des procédures de ces systèmes, qui sont par ailleurs largement éprouvées et il est douteux que l'on puisse les mettre en cause du seul point de vue qui nous intéresse ici – elles s'appliquent à tous les ministères et nous devons donc les considérer comme données.

Il est préférable de partir des problèmes liés à l'exécution des budgets d'éducation pour en expliquer les causes, d'autant que ces problèmes sont faciles à identifier *a priori*. On peut en effet en distinguer quatre :
- l'exécution du budget n'est pas totale (les taux d'exécution des dépenses sont inférieurs à 100 %) ;
- le délai entre l'occurrence de la nécessité des dépenses et leur réalisation est trop long et nuit ainsi au bon fonctionnement du ministère ;
- l'exécution ne respecte pas les affectations du budget ;
- les biens ou les services achetés sont de mauvaise qualité ou d'un prix trop élevé.

1.4.1.1 Les taux d'exécution des budgets

Les taux d'exécution des budgets diffèrent selon les pays, selon les années et selon les catégories de dépenses.

D'une manière générale, les taux d'exécution relatifs aux dépenses de personnel sont assez proches de 100 %, même dans les pays où les autres

---

42. Cela s'est produit récemment dans des pays comme le Bénin, la République centrafricaine ou le Tchad.

taux sont moins bons. Il y a toutefois une exception lorsque les pays ont des difficultés financières très importantes et qu'ils ne peuvent payer les fonctionnaires qu'avec plusieurs mois de retard[42]. Il s'agit bien sûr d'un problème grave d'un point de vue social, mais de moindre importance du point de vue du financement qui nous intéresse ici. En effet, à la différence des autres catégories de dépenses, le non-paiement des dépenses de personnel n'entraîne pas la non-fourniture des services correspondants. Tout au plus peut-il démotiver le personnel lorsqu'il est récurrent, ce qui est somme toute assez rare.

En revanche, il n'est pas rare que le taux d'exécution des dépenses de fonctionnement hors personnel soit inférieur à 100 %. Dans un pays comme le Bénin, par exemple, il n'a été que de 56 % en moyenne sur la période 1992-96 (avec un minimum de 32 % et un maximum de 71 %)[43]. Nous ne disposons pas d'une moyenne pour l'ensemble de l'Afrique subsaharienne, mais elle se situe vraisemblablement autour de 85 %.

Les taux d'exécution des dépenses d'investissement peuvent également être assez faibles. Par rapport à ceux des dépenses de fonctionnement, ils se caractérisent par une variabilité plus grande d'une année à l'autre. Toujours au Bénin sur la même période, le taux d'exécution du PIP sur financement interne n'a été que de 64 % (avec un minimum de 37 % et un maximum de 100 %) ; au Burkina Faso, de 1990 à 1994, le taux d'exécution moyen des dépenses en capital a été de 80 % (avec un minimum de 52 % et un maximum de 99 %) ; en Côte d'Ivoire le taux d'exécution des dépenses d'investissement a été de 8 % en 1992 et de 22 % en 1993 ; au Mali, de 1990

---

43. L'importance des retards de paiement des enseignants sur les acquisitions scolaires a pu être mise en évidence lors d'une évaluation réalisée au Bénin en 1990 des facteurs affectant ces acquisitions dans l'enseignement primaire. La comparaison des résultats obtenus pour le Bénin avec ceux de deux études comparables réalisées quelques années plus tôt au Togo et au Burkina Faso montrait que l'« effet maître » avait au Bénin une importance relative sur les acquisitions des élèves beaucoup plus grande que dans les deux autres pays. L'effet maître mesure l'écart d'efficacité pédagogique entre classes qui n'est attribuable ni aux caractéristiques scolaires et sociales des élèves, ni aux caractéristiques professionnelles des enseignants. Il est donc en partie déterminé par la motivation des enseignants. On peut penser que les retards de paiement ont produit une désorganisation du système qui a affaibli l'effet positif des autres déterminants des acquisitions et, par conséquent, renforcé celui de l'effet maître (Jarousse, J.-P. et Mingat, A., 1991, *Évaluation analytique de l'enseignement primaire au Bénin*, UNESCO, BAO/PSA).

à 1995, le taux d'exécution moyen des dépenses en capital a été de 76 % (avec un minimum de 25 % et un maximum de 98 %).

Au vu de ces taux, on pourrait penser que l'exécution du budget est une phase capitale, du moins dans les pays où ils sont faibles ; qu'une bonne maîtrise et une bonne souplesse des procédures budgétaires permettraient d'atteindre une exécution complète et, par conséquent, une augmentation substantielle des dépenses de fonctionnement et d'investissement. C'est en partie une illusion. En effet, il est probable que des difficultés financières, ou une trésorerie insuffisante, conduisent parfois les responsables du ministère des Finances à retarder les procédures ou à « faire du zèle », de manière à respecter une contrainte budgétaire plus stricte que celle indiquée dans le budget voté.

La surestimation des recettes budgétaires est une tendance structurelle dans bon nombre de pays africains. Les difficultés de prévisions n'en sont pas la cause (elles pourraient induire une sous-estimation aussi bien qu'une surestimation). Elle résulte sans doute d'un excès volontaire d'optimisme exigé par l'impératif du développement.

Il est difficile de faire la part des différentes causes de l'exécution partielle des dépenses. On peut penser que la non-maîtrise des procédures joue peu sur l'exécution des dépenses de fonctionnement mais davantage sur celle des dépenses d'investissement. La durée trop longue des procédures (*infra*) peut être une cause de sous-exécution si elle est rédhibitoire. De même la régulation budgétaire, qui consiste à découper en tranches les dotations de crédits ; cette régulation existe au Burundi, où elle est semestrielle ; elle existait naguère au Burkina Faso, où elle était trimestrielle.

L'existence de taux d'exécution inférieurs à 100 % est indéniablement d'une grande gravité : il rend caducs les efforts de planification, de programmation et de budgétisation. L'exécution partielle des dépenses ne s'applique pas de manière proportionnelle à tous les postes de dépenses, ce qui entraîne des déséquilibres nuisibles à l'efficacité des actions programmées (classes sans enseignant ou sans matériel, véhicules sans carburant, ou *vice versa*). Qui plus est, même une exécution proportionnelle des dépenses, du reste concrètement illusoire, ne garantit pas les équilibres établis dans la programmation : dans de nombreux cas par exemple, un effet de seuil concernant un bien particulier sera rédhibitoire (c'est le cas des manuels scolaires examiné précédemment).

Cet inconvénient existe quelle que soit la cause de l'insuffisance des taux d'exécution. Il est cependant plus regrettable lorsqu'il résulte d'une action volontaire, comme peut l'être la surestimation chronique des recettes.

1.4.1.2 Les délais d'exécution des budgets

Les délais d'exécution des budgets sont parfois tels qu'ils peuvent empêcher cette exécution, et expliquer en partie la faiblesse des taux. Même s'ils n'ont pas cet effet, ils nuisent au bon fonctionnement du système. Le délai qui nous intéresse est celui qui sépare le besoin – d'un bien ou d'un service – de sa satisfaction, et non pas celui qui sépare ce besoin du paiement effectif de ce bien ou de ce service.

Dans les systèmes d'inspiration française, l'exécution des budgets se déroule en quatre phases : l'engagement, la liquidation, l'ordonnancement et le paiement. Les trois premières phases sont des phases administratives, la dernière est une phase comptable :
- l'engagement est l'acte par lequel l'organisme public crée ou constate à son encontre une obligation de laquelle résultera une charge ;
- la liquidation est l'opération qui a pour objet de vérifier la réalité de la dette et d'évaluer le montant précis de la dépense. La liquidation d'une dépense intervient après la constatation du service fait ;
- l'ordonnancement est l'acte administratif donnant, conformément aux résultats de la liquidation, l'ordre de payer la dette de l'organisme public ;
- le paiement est l'acte par lequel l'organisme public se libère de sa dette.

La règle du « service fait » exclut le paiement par anticipation, sauf exceptions prévues (système d'avance). L'administrateur de crédits – le ministre de l'Éducation en l'occurrence – ou les administrateurs délégués engagent les dépenses, en établissant par exemple un bon de commande auprès d'un fournisseur. La liquidation[44] a lieu après livraison du bien ou du service, sauf exception motivée par l'intérêt du service public.

Le délai qui sépare l'engagement du paiement n'a donc pas d'importance au regard du financement de l'éducation. Sauf, bien sûr, s'il est de nature à décourager les fournisseurs : dans certains pays, au cours de périodes de dysfonctionnement des finances publiques, ceux-ci ont pu refuser les bons de commande émis par les administrateurs publics.

---

44. Action de calculer et de fixer le montant de la dépense. Dans le vocabulaire financier, « liquide » signifie « déterminé dans son montant ».

Les délais qui importent avant tout sont donc celui qui sépare l'occurrence du besoin de l'engagement, et celui qui sépare l'engagement de la fourniture du bien ou du service. Ce dernier délai dépend des conditions économiques générales. Il peut être long et surtout difficile à prévoir lorsque les biens doivent être importés, ce qui n'est pas rare (lorsqu'il s'agit d'équipements notamment). Le premier dépend du bon fonctionnement de l'administration du ministère, mais pas uniquement : dans la plupart des pays, la signature du ministre gestionnaire de ses crédits n'est pas suffisante pour valider un bon de commande ; celui-ci doit être soumis à un contrôle du ministère des Finances dont le visa est nécessaire pour sa validation. Cette procédure peut retarder de plusieurs semaines la livraison du bien ou du service[45].

Il est fréquent que ces délais soient jugés trop longs ; au Burkina Faso, la procédure complète ne comporte pas moins de 13 étapes et dure au moins un mois[46]. Des procédures accélérées d'urgence sont souvent prévues, mais elles sont applicables sous des conditions assez strictes et elles ne sont pas moins complexes. La mise en place de caisses d'avance serait bienvenue pour de menues dépenses ; elle est rarement pratiquée.

---

45. Au Burkina Faso, la procédure d'engagement comporte même une étape supplémentaire, comme l'indique cet extrait de l'ouvrage sur les procédures budgétaires des ministères de l'Éducation au Burkina Faso (*op. cit.*) :
« Sur la base d'un devis ou d'une facture pro forma délivrée par le fournisseur, et après avoir vérifié la disponibilité des crédits sur la fiche de contrôle de gestion des crédits, le gestionnaire établit simultanément, grâce au papier carbone, le bon de commande et le bon d'engagement. Le bon de commande et le bon d'engagement original, auxquels seront joints le cas échéant la lettre de commande (pour un montant compris entre 1 000 000 Fcfa et 5 000 000 Fcfa) ou le marché (pour un montant supérieur à 5 000 000 Fcfa), sont acheminés à la direction du contrôle financier. Celui-ci procède à la vérification des documents (conformité aux textes, imputation, code, etc.), les rejette ou les accepte. En cas de rejet, les documents sont retournés au gestionnaire avec une fiche d'observations. En cas d'acceptation, le contrôleur financier appose son visa et sa signature sur les documents et les transmet au service des dépenses de matériel (SDM) de la DGB.
Au niveau du SDM, un nouveau contrôle est effectué. Si une anomalie est décelée, les documents sont retournés au gestionnaire. Si au contraire ils sont corrects, le bon d'engagement original est transmis au CENATRIN (Centre national de traitement de l'information). Celui-ci édite un titre de réservation et un avis de confirmation qui sont renvoyés au gestionnaire, *via* le SDM, afin qu'il puisse procéder à la notification au fournisseur. »
46. Daboué, J., Sanou, Y. et Zango, M., *Les procédures budgétaires des ministères de l'Éducation au Burkina Faso*, *op. cit.*, p. 37.

Nous avons déjà évoqué le problème de la nomenclature budgétaire et des délégations de crédits qu'elle permet. Si la nomenclature est peu détaillée ou si les délégations de crédits sont peu nombreuses, la gestion des crédits sera plus centralisée. La satisfaction des besoins ressentis à la périphérie du système sera plus lente ou moins efficace. De nombreux pays entreprennent des réformes administratives dans le sens d'une décentralisation budgétaire. De telles réformes nécessitent des moyens. Leur réussite requiert un bon fonctionnement général de l'administration, notamment si, comme il se doit, la planification centrale n'est pas abandonnée. La difficulté n'est pas tant de concevoir des systèmes plus souples de gestion des crédits que de les faire fonctionner.

De façon un peu laxiste, on peut classer dans les problèmes de délais d'exécution des budgets celui du paiement des salaires. Il s'agit d'un problème récurrent dans la plupart des pays d'Afrique subsaharienne, dont la conséquence principale est d'augmenter l'absentéisme des enseignants. Dans certaines zones rurales, ceux-ci doivent chaque mois effectuer un déplacement de plusieurs jours pour percevoir leur salaire. Il s'agit bien sûr de jours ouvrables qui sont par conséquent pris sur le service d'enseignement. Les aléas des communications peuvent les augmenter et les péripéties des voyages en rendre la récupération difficile.

Que le salaire soit domicilié sur un compte postal ou bancaire ou qu'il soit versé par « billetage »[47], le problème est quasiment le même. Le versement du salaire sur un compte donne à son bénéficiaire plus de liberté et de facilité pour le percevoir mais le niveau de revenu et le mode de paiement courant (en espèces) exigent des retraits réguliers, et l'étroitesse des réseaux d'agences postales ou bancaires rend les déplacements longs. Dans de nombreux pays, le billetage est la règle ; au Tchad, la domiciliation bancaire ou postale du salaire des enseignants a même été interdite, pour procéder à leur recensement physique. Dans ce même pays, il y a un « billeteur » pour tous les services de l'État dans chaque sous-préfecture (52 sous-préfectures[48] qui ont une superficie moyenne de 25 000 km² – la superficie d'un cercle de 89 km de rayon[49]). Dans certains cas, l'enseignant doit s'absenter jusqu'à une semaine pour aller toucher sa solde.

---

47. Mode de paiement des fonctionnaires qui n'ont pas de compte postal ou bancaire. Il s'effectue par l'intermédiaire d'un « billeteur » qui se charge de toucher et de redistribuer la paie de ses collègues.
48. Un peu plus depuis 1999.
49. Avec toutefois de grandes différences selon les régions : le BET (Borkou Ennedi Tibesti), l'une des 14 préfectures, a une superficie de 600 350 km² (ce qui correspond à près de la moitié du pays).

1.4.1.3 Le respect des affectations du budget

L'exécution des budgets pourrait ne pas respecter le principe de spécialité évoqué plus haut. En l'absence de concussion ou d'exception légale, ce cas est assez rare.

1.4.1.4 La qualité et le prix des biens ou services achetés

Du fait d'un manque de vigilance de la part des services qui effectuent les commandes, ou de l'indélicatesse de certains fournisseurs, il est possible que les biens ou les services acquis soient de mauvaise qualité. Par ailleurs, lorsque l'État honore ses factures avec retard, les fournisseurs peuvent être incités à pratiquer des tarifs élevés ; c'est le cas par exemple au Swaziland.

1.4.2 Les autres sources de financement
1.4.2.1 L'aide extérieure

L'exécution de l'aide extérieure prend différentes formes selon son origine (multilatérale, bilatérale, ONG), selon qu'elle est ou non confiée à des agences spécialisées ou à l'État qui la reçoit, selon sa nature, etc.

Nous ne nous intéressons pas aux procédures d'exécution budgétaire propres à chacune de ces formes ; du reste, vu leur diversité, ce serait une gageure. Ce qui doit nous intéresser c'est la différence entre les déboursements et les engagements pris par les bailleurs de fonds vis-à-vis du Gouvernement. Or, cette différence est souvent très importante. Au Bénin par exemple, le taux d'exécution du PIP sur financement externe a été de 17 % en 1992, 125 % en 1993, 56 % en 1994, 63 % en 1995 et 90 % en 1996. On notera que les taux d'exécution peuvent être supérieurs à 100 % ; cela tient précisément au fait que les PIP ne sont pas des budgets. Dans la mesure où les engagements sont la plupart du temps exprimés pour des périodes dont la durée dépasse une année, les montants annuels inscrits dans le PIP sont indicatifs.

Indépendamment des écarts de cette nature, la différence entre les engagements et l'exécution peut être due à une mauvaise connaissance des procédures ou à une inefficacité de l'administration nationale lorsqu'elle est impliquée dans cette exécution. A cet égard, la mise en place de structures nationales spécifiques est l'une des solutions proposées, voire exigées, par les bailleurs de fonds pour améliorer la gestion de l'aide. Il ne s'agit pas uniquement d'améliorer le taux d'exécution des budgets, mais cela fait partie des buts affichés[50]. L'efficacité immédiate de ces structures est peu discutable. Elles bénéficient de moyens humains et matériels plus importants que les services ministériels qu'elles suppléent. Toutefois, appréciées d'un point de vue plus général et moins immédiat, elles s'apparentent aux solutions palliatives dont nous parlerons dans le chapitre 3, ou à une mise en cause de l'administration publique et centralisée, dont nous parlerons dans le chapitre 5.

L'écart entre l'engagement et l'exécution peut également résulter de décisions volontaires des bailleurs de fonds ou des agences d'exécution extérieures. Ces décisions peuvent être motivées par des arguments de nature extrinsèque aux projets eux-mêmes – arguments politiques ou économiques –, ou de nature intrinsèque à ces projets : il s'agit par exemple de les ajuster en tenant compte de nouvelles données. Les bailleurs de fonds conservent une grande liberté jusque dans la phase ultime d'exécution des projets. Quelle que soit la valeur de sa justification, cela constitue certainement une difficulté pour la planification de l'éducation dans les pays en développement.

1.4.2.2 Les collectivités locales

L'exécution des budgets des collectivités locales est mal connue. Il est rare que l'on dispose au niveau central de document de reddition des comptes pour ces collectivités. Il y a tout lieu de croire que les problèmes relevés au niveau central se posent également au niveau local.

1.4.2.3 Les ménages

Comme pour la phase précédente, on peut distinguer les dépenses individuelles et les dépenses collectives des ménages (*supra*).

Le problème relatif à l'exécution des dépenses individuelles est essentiellement celui de la disponibilité des biens (manuels, fournitures scolaires). Dans le milieu rural de la plupart des pays d'Afrique subsaharienne, cette disponibilité n'est pas parfaite. Par ailleurs, comme nous l'avons déjà mentionné, l'achat individuel, de manuels notamment, n'est pas de nature à garantir les prix les plus bas, *a fortiori* dans les zones rurales où la concurrence est inexistante. Au Sénégal et en Mauritanie, la

---

50. « Afin de garantir une plus rapide réalisation des programmes, il est de plus en plus fait appel à des agences d'exécution qui ont des procédures plus souples. On peut citer à titre d'illustration des associations comme AGETIP (l'Agence pour la génération d'emplois et de travaux d'intérêt public), impliquées dans la construction de salles de classe... ». Extrait de *Le financement de l'éducation au Sénégal*, *op. cit.*, p. 72.

distribution privée s'est traduite par une inflation abusive et finalement rédhibitoire[51].

En ce qui concerne les dépenses collectives, l'exécution peut principalement être perturbée par des détournements des recettes au niveau périphérique.

1.4.3 Conclusions

Plus que les défauts des phases précédentes du projet éducatif, les défauts d'exécution des budgets sont irrémédiables. Quelles que soient leurs causes, ils rendent vains, en proportion de leur gravité, les efforts accomplis en amont. C'est pourquoi ils peuvent apparaître aux yeux de certains comme une cause majeure de l'inefficacité des systèmes éducatifs africains. C'est sans doute exagérer leur importance : ils ne sont pas présents dans tous les pays et, là où ils le sont, leur correction est une condition nécessaire, mais non pas suffisante, du rétablissement de l'efficacité du système éducatif.

En ce qui concerne le budget de l'État, ces défauts ne sont importants que dans les pays en proie à de graves difficultés de finances publiques. Ils peuvent également être la correction inéluctable d'un déni initial des contraintes financières. Ils sont probablement moins rares en ce qui concerne les autres sources de financement, notamment l'aide extérieure.

Compte tenu de son caractère sélectif – les taux d'exécution ne sont pas identiques pour toutes les catégories de dépenses –, l'inexécution d'une partie des budgets biaise la répartition sous-sectorielle des ressources, l'équilibre entre le fonctionnement et l'investissement ainsi que l'efficacité des activités.

1.5 Synthèse et classification des problèmes de financement

Le financement intervient à toutes les étapes de l'élaboration du projet éducatif, de la définition de la politique à l'exécution des dépenses. Les problèmes qu'il pose sont nombreux et prennent des formes différentes selon les pays. Avant de procéder, dans le prochain chapitre, à l'analyse des causes de ces problèmes, il convient tout d'abord de les répertorier.

---

51. Ce système va être bientôt abandonné au Sénégal.

Précisons auparavant que le recensement des problèmes de financement que nous avons exposés tout au long de ce chapitre n'est probablement pas exhaustif. Nous pensons toutefois que l'on y trouvera un éventail des problèmes de financement de l'éducation en Afrique subsaharienne suffisamment large pour représenter la plupart des problèmes.

Par ailleurs, la caractérisation des problèmes est quelque peu arbitraire. Nous aurions pu en regrouper plusieurs sous une même appellation (nous effectuerons certains regroupements dans le chapitre suivant). Nous avons considéré comme un problème l'insuffisance des moyens humains et matériels du service de planification, de même que la position institutionnelle et hiérarchique de ce service. Nous aurions pu les classer comme causes de leurs conséquences, que nous aurions considérées comme problèmes. C'est notre méthode d'analyse des causes qui nous a conduits à ne pas adopter cette solution.

Nous avons identifié les 30 problèmes suivants :
1. Cohésion de la définition de la politique éducative (section 1.1.1)
2. Défauts d'expression de la politique éducative (section 1.1.1)
3. Déni des contraintes (section 1.1.2)
4. Mauvais partage du financement (section 1.1.3)
5. Insuffisance des moyens humains et matériels du service de planification (section 1.2.1)
6. Position institutionnelle, hiérarchique de la planification (section 1.2.1)
7. Conception des projets à l'insu du service de planification (section 1.2.1)
8. Mauvaise connaissance de l'aide extérieure (section 1.2.1)
9. Cohérence des dispositifs de planification (section 1.2.2.1)
10. Absence de guichet unique (section 1.2.2.1)
11. Coordination des projets (section 1.2.2.1)
12. Définition des programmes, articulation entre les changements et l'existant (section 1.2.2.1)
13. Problème des charges récurrentes (sections 1.1.2, 1.1.3 et 1.2.2.3)
14. Horizon des programmes (section 1.2.2.1)
15. Nature de l'engagement des bailleurs de fonds (section 1.2.2.1)
16. Non-articulation entre les programmes (y compris PDP) et les budgets (section 1.3.1.2 et suivantes)
17. Mauvaise appréciation des capacités financières des partenaires nationaux (ménages, communautés, collectivités locales) (section 1.1.2)

18. Problèmes de nomenclature (section 1.3.1.2)
19. Lettre de cadrage : arbitrage entre crédits de personnel et crédits de fonctionnement (section 1.3.1.3)
20. Phase unique d'ajustement des propositions budgétaires (section 1.3.1.3)
21. Attribution de la préparation budgétaire à un service non compétent (direction administrative et financière) (section 1.3.1.3)
22. Absence de règles donnant un enjeu aux négociations (section 1.3.1.3)
23. Budgétisation opaque de l'aide extérieure (section 1.3.2)
24. Mauvaise connaissance des dépenses des partenaires nationaux (ménages, communautés, collectivités locales) (section 1.1.3 et suivantes)
25. Défaut de garantie du financement des ménages (section 1.1.2 et suivantes)
26. Recouvrement des droits de scolarité et autres contributions collectives des ménages (section 1.3.5)
27. Exécution partielle des budgets (section 1.4)
28. Délais d'exécution trop longs des budgets (section 1.4.1)
29. Différence entre l'année scolaire et l'année budgétaire (section 3.1)
30. Concussion (section 1.5)

Le tableau 2 *infra* présente, pour chaque problème, son (ses) origine(s) ; les phases du projet éducatif auxquelles il se rattache ; ses conséquences et ses impacts potentiels sur le montant global des ressources mobilisées, sur la répartition sous-sectorielle de ces ressources, sur l'équilibre entre l'investissement et le fonctionnement et sur l'efficacité des activités (schéma 1).

Pour des raisons pratiques, nous avons indiqué l'origine des problèmes dans ce tableau alors qu'elle ne sera analysée que dans le chapitre suivant. On peut d'ores et déjà indiquer que la dénomination des origines[52] (héritage, idéologie, primat du politique, compétences, communications, ressources de la population, aléa des recettes publiques et logique et conditions de l'aide) ne doit pas être comprise dans son sens littéral et qu'elle fera, dans le chapitre suivant, l'objet d'une explicitation.

---

52. En caractères normaux, les origines principales, en caractères italiques, les origines secondaires.

La mention des phases du projet éducatif auxquelles se rapportent les problèmes, ainsi que celle des conséquences principales de ces problèmes, constituent un rappel de ce qui a été évoqué dans le texte du chapitre. En revanche, les impacts potentiels des différents problèmes sur les quatre aspects du financement (schéma 1) indiqués dans les quatre dernières colonnes sont le fruit d'une évaluation. Cette évaluation concerne l'intensité de l'impact potentiel des problèmes (nulle, faible, moyenne, forte) et leur probabilité d'occurrence (* : faible, ** : moyenne, *** : forte). En anticipant sur le chapitre 3, nous pouvons indiquer que de nombreux problèmes sont tels que leur résolution individuelle n'aurait que peu d'impact sur la réussite du projet éducatif. Il est certain que la résolution de groupes de problèmes aurait des effets synergiques. De même, une synergie peut exister entre les impacts d'un même problème. Par ailleurs, la résolution d'un problème peut faciliter celle d'un autre. Ces synergies seront prises en compte lorsque nous examinerons les solutions dans le chapitre 3.

L'évaluation de l'impact des problèmes ne tient compte ni de la fréquence de ceux-ci dans les différents pays d'Afrique, ni de leur gravité moyenne. L'exécution partielle des budgets, par exemple, est un problème dont nous jugeons importants les impacts potentiels bien qu'il ne concerne que quelques pays ; par ailleurs, la gravité de ce problème (indépendamment de ses impacts potentiels) est en rapport direct avec le taux d'exécution. Ce choix est commandé par notre souci de fournir un document utile à la résolution des problèmes dans les différents pays d'Afrique subsaharienne, souci plus grand que celui qui consiste à décrire une situation moyenne. En effet, si nous avions tenu compte de la fréquence des problèmes et de leur gravité réelle moyenne, nous aurions pu juger peu important un problème qui l'est dans quelques pays. Ainsi, ces pays n'auraient pas été invités à le considérer avec attention. Pour les pays dans lesquels le problème ne se pose pas, cette invite ne présente en revanche aucun inconvénient.

Enfin, cette évaluation est subjective. Elle ne se fonde que sur notre appréciation personnelle de ces problèmes. Pour être fondée d'une manière objective, ce qui serait possible dans l'idéal, des études comparatives systématiques seraient nécessaires. Cependant, de telles études seraient particulièrement complexes, tellement du reste que la crédibilité de leurs résultats ne serait pas forcément plus grande que celle d'une évaluation subjective. Notre évaluation subjective se propose en tant que telle ; elle n'a aucune prétention à valoir une évaluation objective. Nous acceptons tous les commentaires.

Plusieurs constats peuvent en être tirés. Le premier concerne l'impact global de l'ensemble des problèmes sur chacun des quatre aspects du financement ; le deuxième, la hiérarchie des problèmes selon la somme de leurs impacts sur ces aspects ; le troisième, la hiérarchie des problèmes selon leur impact sur chacun de ces aspects. Les constats que nous ferons seront de nature générale. Il va de soi notamment que l'arbitraire, évoqué ci-dessus, de la caractérisation des problèmes affecte ces hiérarchies.

L'examen de l'impact global de l'ensemble des problèmes oppose la mobilisation des ressources aux trois autres aspects du financement. Cet impact est beaucoup plus important et plus probable sur la répartition sous-sectorielle, l'équilibre investissement/fonctionnement et l'efficacité des activités que sur la mobilisation des ressources. On peut dire que la résolution des problèmes de financement améliorerait davantage l'utilisation des ressources qu'elle ne permettrait d'en générer de supplémentaires.

Toutefois, il n'est pas exclu que la résolution d'un problème particulier puisse avoir, dans telle situation particulière, un impact très important en termes financiers sur la mobilisation des ressources, impact qui excède largement le bénéfice que pourrait apporter la résolution des autres problèmes sur les autres aspects du financement. Mais cette situation nous paraît très improbable.

On notera par ailleurs que la résolution de certains problèmes peut avoir un impact « négatif » sur la mobilisation des ressources. Cela est indiqué dans le tableau par un point d'interrogation. Toute contrainte imposée à l'aide extérieure (adoption d'un guichet unique, horizon plus lointain des programmes, nature de l'engagement, prise en considération systématique des charges récurrentes) pourrait avoir pour effet de dissuader certains bailleurs de fonds pour qui, par exemple, l'individualisation de l'aide revêt une importance particulière ou l'engagement sur le long terme est limité par leurs propres contraintes budgétaires. Une incertitude semblable peut résulter d'une meilleure appréciation des capacités financières des ménages, des communautés et des collectivités locales. Toutefois, une résolution de l'ensemble des problèmes nationaux de financement, qui se traduirait par une amélioration significative du fonctionnement du système éducatif, pourrait constituer un stimulant fort pour l'aide extérieure.

La hiérarchie des problèmes selon la somme de leurs impacts sur les quatre aspects du financement oppose les problèmes qui entraînent une rupture du projet éducatif, de la définition de la politique jusqu'à l'exécution des dépenses, aux problèmes dont les conséquences sont plus spécifiques à une phase du projet ou une dimension du financement.

Dans le premier groupe de problèmes, se situent notamment ceux qui entraînent une division du pouvoir de décision. Cette division prend la forme d'une dépossession du ministère de l'Éducation des arbitrages essentiels au profit des ministères centraux (exécution partielle des budgets, non-articulation entre les programmes et les budgets, lettre de cadrage, absence de règles donnant un enjeu aux négociations, etc.), ou la forme d'un abandon, parfois involontaire, de ce pouvoir d'arbitrage (déni des contraintes, défaut de garantie du financement des ménages, défauts d'expression de la politique éducative, etc.).

Dans le second groupe de problèmes figurent des problèmes plus techniques (liés à la mauvaise connaissance ou à la mauvaise appréciation des financements ou des capacités de financement, délais d'exécution trop longs des budgets, problèmes de nomenclature, etc.).

L'impact des problèmes sur la mobilisation des ressources est difficile à différencier. Un seul problème – la concussion – nous semble avoir un impact à la fois fort et certain sur le montant global des ressources mobilisées effectivement pour l'éducation. La concussion diminue non seulement directement ces ressources, mais elle est de nature à décourager les différents partenaires, qu'il s'agisse des bailleurs de fonds extérieurs ou des familles. Deux problèmes – défaut de garantie du financement des ménages et exécution partielle des budgets – semblent avoir un impact moyen et assez sûr sur la mobilisation des ressources. En revanche, tous les autres problèmes semblent avoir un impact faible et surtout incertain.

La répartition sous-sectorielle des ressources est bien sûr affectée par des problèmes qui perturbent les arbitrages entre les différents niveaux ou types d'enseignement. L'absence de cohésion de la politique éducative, qui résulte notamment de l'existence de plusieurs ministères de l'Éducation, fait partie de ces problèmes, en ce qu'elle est précisément de nature à empêcher ces arbitrages ou à les placer sur un terrain politique. La non-articulation entre les programmes et les budgets affecte également cette répartition sous-sectorielle, dans la mesure où elle rend caduques les réallocations souvent prévues dans les politiques. Enfin, l'instauration d'un guichet unique serait très probablement de nature à modifier sensiblement la structure de l'aide extérieure, du moins à moyen terme, ce qui aurait pour effet de modifier également la répartition sous-sectorielle des ressources.

Les problèmes affectant l'équilibre entre l'investissement et le fonctionnement sont assez nombreux : déni des contraintes, exécution partielle des budgets, lettre de cadrage, problème des charges récurrentes, absence de guichet unique, coordination des projets, mauvais partage du financement, non-articulation entre les programmes et les budgets. La réalisation de cet équilibre entre l'investissement et le fonctionnement est d'autant plus difficile qu'elle requiert une prise en considération du long terme, que l'allocation des ressources dans chacune de ces fonctions suit une procédure distincte et que le financement est spécialisé. A cet égard, les problèmes susmentionnés ont une importance indéniable.

Enfin, l'efficacité des activités est affectée par tous les problèmes qui risquent de déséquilibrer les allocations fonctionnelles et économiques des ressources. Parmi eux figurent la plupart de ceux que nous venons de citer à propos de l'équilibre entre l'investissement et le fonctionnement : un mauvais équilibre se traduit en effet souvent par une insuffisance des moyens de fonctionnement.

Tableau 2. **Recensement des problèmes de financement exposés au chapitre 2**

Problèmes	Origines	Phases	Conséquences	Montant global des ressources mobilisées	Répartition sous-sectorielle	Impacts potentiels Équilibre investissement/ fonctionnement	Efficacité des activités
1. Cohésion de la définition de la politique éducative	Primat du politique Logique et conditions de l'aide *Compétences*	Politique Planification	Incohérences Défauts de coordination	Faible*	Fort**	Faible*	Faible*
2. Défauts d'expression de la politique éducative	Compétences Idéologie *Primat du politique*	Politique	Biais dans l'arbitrage quantité/qualité Biais dans les priorités Abandon de la souveraineté Incohérences	Faible*	Moyen*	Moyen*	Moyen*
3. Déni des contraintes	Idéologie Primat du politique *Compétences*	Politique	Biais dans l'arbitrage quantité/qualité Déséquilibres dans les allocations	Faible*	Moyen*	Fort***	Fort***
4. Mauvais partage du financement	Logique et conditions de l'aide *Compétences*	Politique Planification	Augmentation des risques de déséquilibre dans l'allocation effective des ressources	Faible*	Faible**	Fort**	Fort**
5. Insuffisance des moyens humains et matériels du service de planification	Compétences *Héritage Idéologie*	Planification-programmation Budgétisation	Faiblesse technique des plans et programmes (y compris des PDP) Faiblesse de la capacité de négociation Faiblesse de l'évaluation	Faible*	Faible*	Moyen**	Fort**
6. Position institutionnelle, hiérarchique de la planification	Héritage	Planification-programmation Budgétisation	Difficultés de collectes des informations Application difficile des plans et programmes Justification insuffisante des moyens Découragement	Faible*	Moyen**	Moyen**	Moyen**

Chapitre 1 - Analyse du financement

7. Conception des projets à l'insu du service de planification	Logique et conditions de l'aide Héritage *Communications*	Planification-programmation	Incohérences Défauts de coordination	Faible*	Moyen**	Moyen**	Faible*
8. Mauvaise connaissance de l'aide extérieure	Logique et conditions de l'aide *Communications*	Planification-programmation	Contrôle et évaluation difficiles Découragement	Faible*	Moyen**	Moyen**	
9. Cohérence des dispositifs de planification	Logique et conditions de l'aide	Planification-programmation	Incohérences Affaiblissement des dispositifs	Faible*	Moyen*	Moyen*	Faible*
10. Absence de guichet unique	Logique et conditions de l'aide	Planification-programmation Budgétisation	Difficulté accrue de l'intégration de toutes les activités	?	Fort**	Fort**	Moyen**
11. Coordination des projets	Logique et conditions de l'aide *Communications*	Planification-programmation Budgétisation	Déséquilibres dans les allocations	Faible*	Faible*	Faible*	Faible*
12. Définition des programmes, articulation entre les changements et l'existant	Logique et conditions de l'aide Compétences	Planification-programmation Budgétisation	Déséquilibres dans les allocations Inégalités	?	Faible*	Fort*	Faible*
13. Problème des charges récurrentes	Logique et conditions de l'aide Idéologie Primat du politique	Planification-programmation	Inefficacité des investissements	?	Faible*	Fort***	Fort***
14. Horizon des programmes	Logique et conditions de l'aide	Planification-programmation	Faiblesse des plans et programmes Non-incitation à engager dans le court terme des actions qui n'auront un impact que dans le long terme	?	Moyen*	Moyen*	Faible*
15. Nature de l'engagement des bailleurs de fonds	Logique et conditions de l'aide	Planification-programmation	Non-respect des programmes Aide trop faible	?	Moyen*	Moyen*	Moyen*

16. Non-articulation entre les programmes (y compris PDP) et les budgets	Héritage	Planification-programmation	Risques de dévoiement de la politique	Faible*	Fort**	Fort**	Moyen**
17. Mauvaise appréciation des capacités financières des partenaires nationaux (ménages, communautés, collectivités locales)	Compétences *Communications*	Politique Planification-programmation	Défaut de financement	?	Moyen**	Faible**	Fort***
18. Problèmes de nomenclature	Héritage Compétences	Budgétisation	Difficulté des contrôles et de l'évaluation Rupture entre programme et budget		Faible***	Faible***	Faible***
19. Lettre de cadrage : arbitrage entre crédits de personnel et crédits de fonctionnement	Héritage	Budgétisation	Déséquilibres, notamment dans la répartition entre les dépenses de personnel et les autres dépenses de fonctionnement	Faible*	Faible*	Fort***	Fort***
20. Phase unique d'ajustement des propositions budgétaires	Communications	Budgétisation	Imperfection des arbitrages	Faible*	Moyen**	Faible*	Moyen**
21. Attribution de la préparation budgétaire à un service non compétent (direction administrative et financière)	Héritage	Budgétisation	Risque de non-respect du plan ou du programme	Faible*	Moyen**	Moyen**	Moyen**
22. Absence de règles donnant un enjeu aux négociations	Héritage	Programmation Budgétisation	Mauvaise articulation entre la programmation et la budgétisation	Faible**	Moyen**	Moyen**	Faible*

CHAPITRE 1 - ANALYSE DU FINANCEMENT

	Causes	Phase	Conséquences				
23. Budgétisation opaque de l'aide extérieure	Logique et conditions de l'aide extérieure	Budgétisation	Non-respect des plans ou programmes. Difficulté des contrôles et évaluations	Faible**	Faible*	Faible*	Faible*
24. Mauvaise connaissance des dépenses des partenaires nationaux (ménages, communautés, collectivités locales)	Compétences Communications	Budgétisation	Risque de non-respect des programmes. Difficultés des contrôles et évaluations	Faible*	Faible**	Faible**	Faible**
25. Défaut de garantie du financement des ménages	Ressources de la population Communications	Budgétisation	Défaut de financement	Moyen***	Moyen***	Faible***	Fort***
26. Recouvrement des droits de scolarité et autres contributions collectives des ménages	Ressources de la population Communications	Exécution	Défaut de financement	Faible***	Faible***	Faible***	Moyen***
27. Exécution partielle des budgets	Aléa des recettes publiques Communications Compétences Idéologie	Budgétisation Exécution	Non-respect des programmes. Biais dans l'arbitrage quantité/qualité. Caractère fictif du budget	Moyen**	Faible*	Fort***	Fort***
28. Délais d'exécution trop longs des budgets	Communications Compétences Aléa des recettes publiques Idéologie	Exécution	Inefficacité des actions	Faible*	Faible*	Moyen**	Moyen***
29. Différence entre l'année scolaire et l'année budgétaire	Héritage Logique et conditions de l'aide	Budgétisation Exécution	Complication des calculs et de l'évaluation		Faible*	Faible*	Faible*
30. Concussion	Communications Héritage	Exécution	Inefficacité des actions	Fort***	Faible*	Moyen***	Fort***

Chapitre 2.
L'étiologie des problèmes du financement

Tout au long du chapitre précédent, nous avons pu voir à quel point les problèmes du financement de l'éducation étaient divers. Certains sont directement liés à la définition du financement (à la mobilisation des ressources, au partage du financement, à l'évaluation des coûts, à l'affectation des ressources) ; d'autres sont liés à l'exécution du financement (à l'exécution des dépenses) ; d'autres encore ne sont pas spécifiques au financement, mais ils le perturbent. Nous avons classé ces problèmes selon la nature et l'importance de leur impact. D'autres taxonomies auraient pu être envisagées[53]. Toutefois, le but de l'analyse des problèmes doit être leur résolution. Il est donc préférable de s'orienter vers une classification des problèmes selon leurs causes, avant d'aborder dans le chapitre suivant la recherche des solutions qui sera instruite par cette classification.

Il convient de ne pas rechercher ces causes dans la complexité naturelle de la gestion de tout système éducatif. Nous analyserons d'une manière générale cette complexité dans le chapitre 4 et nous étudierons en particulier le caractère non uniquement technique du financement ; cette complexité se traduit par une grande indétermination du choix des modes d'organisation du système et cette indétermination a des conséquences financières. Dans le chapitre 2 cependant, nous analysons les problèmes concrets de financement, tels qu'ils se présentent dans des configurations données de ces modes d'organisation. La recherche des causes de ces problèmes ne peut s'écarter de cette perspective sans tomber dans une dénonciation systématique et vaine de la complexité de la gestion

---

[53]. Il était par exemple possible de classer les problèmes selon leur occurrence au cours de l'élaboration du projet éducatif. Cependant, certains problèmes apparaissent au cours de plusieurs phases de ce projet. La comparaison des phases du point de vue de ces problèmes aurait par ailleurs été très factice, dans la mesure où le nombre de problèmes identifiés pour chaque phase est quelque peu contingent. Il n'est pas étonnant par exemple que de nombreux problèmes soient perçus au cours des phases de planification-programmation et de budgétisation, pour lesquelles il est plus facile de distinguer des séquences, qu'au cours des phases de politique et d'exécution.

de tout système éducatif. En revanche, lorsque nous examinerons les solutions aux problèmes de financement, nous n'exclurons pas celles qui impliquent une modification des modes d'organisation du système éducatif.

2.1 L'arborescence des origines des problèmes

La notion de « chaînes de causalité » serait préférable à celle de « causes ». Ces chaînes peuvent être longues et chaque problème a une chaîne de causalités particulières ; certaines causes peuvent être anecdotiques et différentes d'un pays à l'autre. Nous classerons donc les problèmes selon les origines de ces chaînes de causalité lesquelles sont, elles, communes. Pour éviter de se perdre d'emblée dans trop de détails, nous nous référerons à une arborescence des origines fondamentales des problèmes. Cette arborescence est reproduite dans le schéma 2. Comme nous l'avons indiqué au tableau 2, chaque problème peut être rattaché à un ou plusieurs chemins de cette arborescence (qui en comporte huit). Nous donnons aux termes que contient l'arborescence une définition assez extensive ; cependant, les distinctions qu'ils représentent ont, comme nous le verrons dans le chapitre suivant, une utilité au regard de la nature des solutions envisageables pour différents problèmes.

Le premier terme de l'arborescence, d'où découlent tous les autres, est appelé « sous-développement ». Les problèmes de financement ne sont probablement pas spécifiques au sous-développement, mais nous nous intéressons ici aux problèmes de financement de l'éducation en Afrique subsaharienne qui est, précisément, une région en développement. L'utilisation de cette dénomination pour le premier terme de l'arborescence nous permet de définir plus précisément le sens des quatre termes qui en dépendent.

1. Héritage. Un héritage pourrait être positif, mais nous prenons ici ce terme dans une acception négative, au sens d'une inadaptation et nous désignons ainsi le caractère hérité des structures, modes de fonctionnement, pratiques, règles des différentes institutions et de l'administration, etc.

Tous[54] les pays d'Afrique subsaharienne ont, dans un passé récent[55] et sous des statuts divers (colonie, protectorat, mandat), subi une domination européenne et donc hérité d'un système administratif européen. La notion d'héritage renvoie ici à l'adoption d'un système qui n'a pas été conçu « naturellement » et qui n'a pas été élaboré progressivement en réponse à des contraintes et des besoins locaux. On retrouve par exemple dans la plupart de ces pays des ministères de l'Éducation dont la structure est formellement identique à celle des anciennes métropoles. Cette structure n'est pas forcément adaptée à la nature des problèmes du pays, parce qu'elle repose sur une division des tâches qui exige, pour être efficace, un contexte de développement plus avancé. Cette efficacité est fondée notamment sur des liaisons fonctionnelles indépendantes des liaisons hiérarchiques. Dans les pays d'Afrique subsaharienne, la fonctionnalité est trop souvent assujettie aux rapports hiérarchiques et compromise par une division formelle des responsabilités. Par ailleurs, cet héritage concerne des règles et des pratiques dont l'intégration est en partie factice (c'est le cas notamment des procédures de préparation budgétaire).

2. Idéologie. Sous ce terme, nous désignons l'ensemble des idées relatives au développement et émises par la communauté internationale. Le caractère d'absolue vérité de ces idées peut nuire à la liberté et à la perspicacité des choix ; il est à l'origine de certains des problèmes de financement rencontrés.

L'une des manifestations les plus fortes de cette idéologie nous paraît être l'invocation du droit à l'éducation pour tous. Qui oserait remettre en cause ce droit ? Pourtant, comment le concilier avec les contraintes démographiques et économiques qui s'imposent aux pays d'Afrique subsaharienne ? En se soumettant à ce principe vertueux, ces pays renoncent à des choix éventuellement plus efficaces sans pour autant être moralement condamnables. Comme nous l'avons plusieurs fois souligné, cela a conduit les pays à privilégier la quantité de scolarisation au détriment de sa qualité ; à un point tel qu'ils se trouvent aujourd'hui dans la situation de devoir résoudre ce problème de qualité à une échelle hors de proportion avec leurs moyens.

---

54. À l'exception du Libéria – fondé en 1822 par l'American Colonization Society avec l'aide du gouvernement américain, indépendant en 1847 – qui a hérité d'une administration anglo-saxonne, mais qui a également subi une influence européenne entre 1880 et 1914.
55. L'Éthiopie (alors Abyssinie) fut le dernier pays à être colonisé (5 mai 1936 : entrée des troupes italiennes à Addis-Abeba).

Le respect du droit à l'éducation pour tous (« L'éducation pour tous en l'an 2000 ») s'est traduit dans de nombreux cas par des conditions d'enseignement qui relèvent d'un simulacre d'éducation : garder des enfants une bonne partie de la journée, assis par terre, serrés les uns contre les autres, écoutant un « enseignant » qui n'a même pas le certificat de fin d'études primaires, sans qualification professionnelle, qui doit leur apprendre à lire sans manuels (une gageure), utilisant pour ce faire un carton en guise de tableau noir... ces pratiques relèvent-elles de l'éducation ? On est en droit de se demander si tout cela n'est pas nocif. La charge de la preuve n'incombe pas forcément à ceux qui le pensent. Dans certains cas, le simulacre est parfait : les enfants sont inscrits à l'école et sont comptabilisés dans les taux de scolarisation, mais ils ne fréquentent pas l'école, faute d'enseignants.

En outre, la soumission au principe du droit à l'éducation pour tous s'est étendue dans beaucoup de pays d'Afrique subsaharienne à tous les niveaux d'éducation. Cela compromet la nécessaire régulation des flux en fonction des besoins économiques et des impératifs du développement.

3. Primat du politique. L'influence du politique dans les choix de nature technique n'est pas spécifique aux pays d'Afrique subsaharienne. Toutefois dans cette région, le rapport de forces entre le politique et la technocratie s'établit bien plus nettement en faveur du politique qu'ailleurs. Le politique n'est certainement pas condamnable en tant que tel, mais la faiblesse relative de la technocratie dans les pays d'Afrique subsaharienne peut le rendre arbitraire.

Ce déséquilibre est plus dangereux dans le secteur de l'éducation que dans d'autres secteurs d'activité, car le temps de l'éducation est long alors que l'horizon du politique est souvent court. La technocratie doit par conséquent garantir la continuité.

Par ailleurs, le primat du politique est renforcé en Afrique subsaharienne par un effet de taille. Un changement de ministre se traduit la plupart du temps par un renouvellement de hauts responsables (secrétaire général, directeurs généraux, directeurs, administrateurs régionaux, recteurs, inspecteurs généraux, etc.) dont le nombre, compte tenu de la taille du ministère concerné, représente une proportion très importante de l'ensemble des cadres supérieurs gestionnaires du système. Ce phénomène est d'autant plus conséquent que les changements de ministres sont fréquents en Afrique subsaharienne. Le primat du politique en Afrique subsaharienne a pour conséquence une rupture fréquente du projet éducatif (succession de réformes qui arrivent rarement à terme).Cette rupture temporelle du projet éducatif se double d'un déséquilibre diachronique entre le « principe de plaisir » et le « principe de réalité ». Le politique est en effet davantage animé par le premier que par le second.

4. Compétences. La pauvreté se traduit dans de nombreux domaines par un déficit de compétences, dont on peut identifier deux causes : d'une part, le niveau d'instruction général de la population, et par conséquent des agents de l'administration ; d'autre part, le niveau relatif des salaires entre l'administration et le secteur privé, voire le marché international, qui limite les capacités de recrutement de l'administration. Nous ne distinguons cependant pas ces deux causes dans l'arborescence, car elles s'appliquent simultanément à chaque problème de compétences.

La complexité du système éducatif et de sa gestion requiert un niveau élevé de compétences peu spécifiques : c'est le cas de la maîtrise de l'informatique, des techniques d'évaluation et de planification, des analyses coût-efficacité et, plus généralement, de la capacité à gérer un projet quelconque – de la définition des objectifs à la mesure des résultats en passant par l'élaboration du cahier des charges et du budget. La généralité de ces compétences conduit à ce qu'elles soient fortement valorisées sur le marché national et, surtout, international où elles demeurent relativement rares. Ainsi, nombre de spécialistes africains formés dans ces disciplines ne sont pas en poste dans leur administration nationale, soit parce qu'ils sont restés dans le pays étranger où ils ont été formés, soit parce qu'ils ont été embauchés dans des organismes internationaux[56].

Cette difficulté des ministères de l'Éducation à attirer les meilleurs éléments se complique d'une difficulté à évaluer les compétences. En effet, dans le secteur de la gestion du système éducatif plus que dans d'autres secteurs d'activité plus techniques, les résultats sont difficilement mesurables et rarement mesurés.

5. Communications. La pauvreté se traduit également par un environnement défavorable de communications. Par le terme « communications », nous désignons tout ce qui entrave la communication entre les différents acteurs. Il ne s'agit donc pas uniquement de la déficience des moyens

---

56. Pour une même spécialité, les écarts de salaires au niveau national entre l'administration et le privé peuvent être élevés ; ils sont considérables entre l'administration et les organismes internationaux, où la rémunération journalière peut dépasser la rémunération mensuelle dans l'administration.

matériels de communication, mais également de la valeur sociale des communications telle qu'elle est déterminée par l'intégration des lois et des règles sociales.

Si la première dimension de cette cause est évidente, la seconde doit être explicitée. Elle concerne la cohérence de sens et de valeur entre l'émission et la réception du message. Au-delà de ce qui tient à d'éventuelles incompétences (mauvaise maîtrise de problèmes techniques ou de la langue officielle), cette cohérence dépend du degré de communauté des règles. La requête d'un service de planification pour l'obtention d'informations utiles à l'évaluation d'un projet peut être perçue comme dépendant du bon vouloir de celui auquel elle s'adresse.

La première dimension de cette cause peut en outre renforcer la seconde : la déficience chronique des moyens de communication facilite le mépris de celle-ci. Lorsqu'une lettre sur deux atteint son destinataire, il y a plus de chances que ce soit celle qui contient une demande contraignante qui s'égare !

6. *Logique et conditions de l'aide*. L'aide résulte de la pauvreté. Son opportunité a été contestée ("Trade no aid", par exemple), mais ce n'est pas le lieu ici d'en discuter en détail. De notre point de vue, l'aide est incontournable, même si les critiques qui lui ont été adressées justifient une plus grande vigilance quant aux actions entreprises[57]. Cependant, la logique et les conditions de l'aide complexifient singulièrement les problèmes de gestion et de financement du système éducatif.

Par « logique de l'aide », nous désignons la nature des rapports qu'elle implique entre le donateur et le receveur. L'aide n'est pas un don, même si elle peut prendre, formellement, cette appellation (par opposition aux prêts). Si le don est possible, ce qui est parfois contesté, il est désintéressé : son usage n'entre pas dans sa définition. En revanche, l'aide implique la définition de son usage : on aide à réaliser quelque chose. Dès lors, il est logique que le donateur intervienne dans la définition de ce quelque chose. Cette intervention sera d'autant plus forte que l'aide semblera justifiée aux yeux du donateur puisque, alors, elle présumera une incapacité du receveur – l'octroi de l'aide est presque toujours précédé d'études d'identification

---

57. L'aide doit, dans la mesure du possible, ne pas contrecarrer les efforts déployés pour soutenir l'économie locale. Dans le domaine de l'éducation, par exemple, la construction sélective d'écoles dans le cadre de programmes d'aide peut être contradictoire avec l'appel de la participation des communautés.

du projet réalisées par le donateur. A l'extrême, l'intervention se manifeste par une substitution du donateur au receveur dans la responsabilité du projet éducatif, au-delà même de la part que l'aide représente dans le financement de l'ensemble de ce projet.

Par « conditions de l'aide », nous désignons l'ensemble des contraintes propres aux donateurs et qui interfèrent avec les activités du receveur. C'est le cas des contraintes budgétaires qui limitent par exemple l'horizon des projets ; c'est le cas des pressions nationales en faveur d'une identification de l'aide ; et c'est le cas des cycles de programmation des organismes multinationaux par exemple.

Par ailleurs, l'aide se traduit par l'introduction d'une multiplicité des sources de financement qui, en tant que telle, représente une difficulté de gestion à tous les stades de l'élaboration du projet éducatif. La logique et les conditions de l'aide entretiennent une concurrence, qui vient s'ajouter à cette difficulté, entre les donateurs.

Sous « logique et conditions de l'aide », nous sous-entendons implicitement la difficulté ou l'incapacité des pays à encadrer, intégrer, discipliner et coordonner l'aide extérieure. Cette incapacité ne résulte pas forcément d'un manque de compétences : on voit mal comment des projets conçus dans leur moindre détail par les experts accrédités par les donateurs pourraient être totalement appropriés et coordonnés par les cadres nationaux des pays receveurs.

7. Ressources de la population. La pauvreté des pays d'Afrique subsaharienne se manifeste par un niveau de ressources d'une grande partie de la population parfois si bas qu'il rend difficile ou très aléatoire la mobilisation du financement de l'éducation par les ménages. Plus exactement, ce n'est pas tant le niveau de pauvreté que nous désignons ici comme origine de problème, mais le fait que ce niveau implique des impossibilités de financement pour une partie des ménages, impossibilités qui affaiblissent l'obligation de financement pour l'ensemble des ménages, voire affaiblissent la volonté de la communauté à la faire respecter, que ce soit pour des raisons morales ou économiques (dans certains cas, l'efficacité d'un dispositif de contrôle et de recouvrement est perçue comme étant trop faible en regard de son coût).

8. *Aléa des recettes publiques*. La pauvreté des pays d'Afrique subsaharienne se caractérise enfin par une grande fragilité économique et une faible diversité des exportations, ce qui se traduit par un fort aléa des recettes publiques. Nous ajoutons à cela la difficulté de prévisions

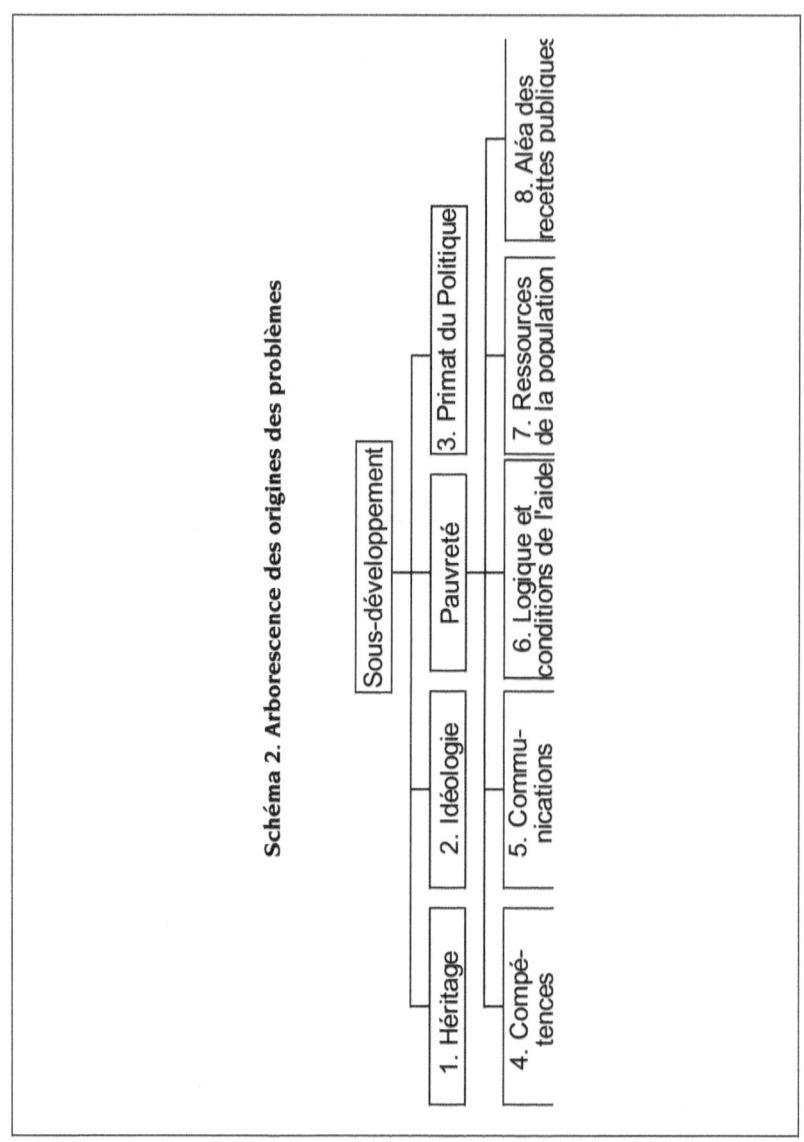

Schéma 2. Arborescence des origines des problèmes

de ces recettes, qui résulte dans certains pays du développement du secteur informel de l'économie ou de la déficience des procédures de recouvrement de l'impôt. Le problème du recouvrement de l'impôt a pu dans certains cas être accentué par la privatisation d'entreprises publiques ou parapubliques, dont la contribution aux recettes de l'État était importante. En l'absence d'une administration fiscale efficace, les possibilités de fraude fiscale sont nombreuses.

2.2 Les origines des différents problèmes

Nous allons maintenant justifier le rattachement des problèmes (tableau 2) aux différentes origines que nous venons de définir.

1. *Cohésion de la définition de la politique éducative.* Nous identifions trois origines pour ce problème : le primat du politique, les compétences, et la logique et les conditions de l'aide.

Le manque de cohésion de la politique éducative peut être dû à l'existence de plusieurs ministères de l'Éducation et au changement assez fréquent de la définition de ces ministères. Le primat du politique en est évidemment la cause. L'unité du système éducatif est évidente pour le technicien pour lequel la régulation de ses différents sous-secteurs est un élément important de la politique éducative. La séparation de ces sous-secteurs répond à des arguments davantage politiques que techniques, qui relèvent des équilibres qu'impose la constitution des coalitions gouvernementales ou de la volonté de « diviser pour régner ». A cet égard, nous pouvons observer que la séparation des sous-secteurs se traduit rarement, en Afrique subsaharienne, par la constitution de ministères délégués ou de secrétariats d'État sous la tutelle d'un ministère de l'Éducation. Les ministères de l'Éducation (ministère de l'Enseignement de base, ministère de l'Enseignement technique et de la formation professionnelle, ministère des Enseignements secondaire et supérieur, par exemple) sont par conséquent distingués entre eux comme ils le sont chacun avec n'importe quel autre ministère (de la Justice ou de l'Agriculture, par exemple).

Lorsque leur poids financier est important, les bailleurs de fonds extérieurs peuvent influer sensiblement sur la définition de la politique éducative. Leur diversité, parfois leurs rivalités, peuvent conduire à un manque de cohésion de la politique éducative nationale. Nous avons montré précédemment que cette situation ne résultait pas nécessairement d'une volonté hégémonique, mais qu'elle découlait de la logique et des conditions de l'aide.

Dans la mesure où l'existence de plusieurs ministères complexifie la définition de la politique éducative, le manque de compétences peut aggraver les conséquences de ce manque de cohésion. Il constitue évidemment en tant que tel un obstacle, car la cohésion de la définition des politiques éducatives a une incontestable dimension technique. Les carences en matière d'analyse et d'évaluation du fonctionnement et des performances des systèmes éducatifs favorisent de fréquents « changements de cap ».

2. Défauts d'expression de la politique éducative. Les défauts d'expression de la politique éducative peuvent être, d'une part, l'absence de définition de la politique ou son caractère lacunaire, d'autre part, la mauvaise qualité de cette définition (incohérences, non-sens, etc.).

Ce problème doit être distingué de celui de la cohésion de la définition de la politique éducative, même si leurs causes sont en partie communes.

Ces défauts ont principalement pour origine les compétences. Le manque de compétences peut se ressentir lors de l'analyse, de l'évaluation ou de la prospective qui doivent instruire l'énoncé de la politique, tout comme au moment même de l'élaboration de cet énoncé.

Dans une moindre mesure[58], l'idéologie et le primat du politique peuvent conduire à des incohérences d'expression. L'énoncé de la politique comportera des éléments dictés par cette idéologie ou ce primat du politique par conformisme (amélioration de la qualité, développement d'un niveau d'études, scolarisation obligatoire) bien qu'ils soient en contradiction avec d'autres éléments plus précis de cet énoncé (qualitatifs ou quantitatifs) fondés sur une situation réelle.

3. Déni des contraintes. Le déni des contraintes financières est principalement dû à l'idéologie et au primat du politique, qui imposent des objectifs irréalistes.

Par rapport au problème précédent, celui-ci n'implique pas en tant que tel une mauvaise expression de la politique éducative, notamment des incohérences. La politique peut être cohérente, clairement exprimée mais irréaliste au regard des besoins ou des capacités de financement. Le problème réside alors précisément dans le fait que les contraintes, notamment financières, conduiront à la réalisation d'une politique différente et parfois très éloignée de la politique énoncée.

Le manque de compétences peut empêcher la prise de conscience des conséquences de ce déni ou même être à l'origine de la méconnaissance des contraintes. Il s'agit toutefois d'une cause de moindre importance que les deux précédentes.

4. Mauvais partage du financement. Il est presque tautologique de dire que le mauvais partage du financement est dû à la multiplicité des sources

---

58. Voir note 52.

de financement (qui résulte notamment de l'existence de l'aide) dans la mesure où cette multiplicité rend complexe ce partage.

De manière plus directe, logique et conditions de l'aide sont également responsables de ce mauvais partage, compte tenu de la forme « projet » de l'aide, incompatible avec un partage systématique et global du financement.

La multiplicité des sources de financement rend le problème possible ; la logique et les conditions de l'aide en rendent la résolution difficile. Cependant, la prise de conscience même du problème fait défaut. Nous avons vu qu'il s'agissait d'un problème important : ce défaut de prise de conscience peut être attribué, d'une manière générale, à un manque de compétences.

Même dans le cas d'une prise de conscience du problème, un manque de compétences peut également expliquer une incapacité à évaluer les avantages comparatifs (en fonction du type de dépenses) des différentes sources de financement.

5. Insuffisance des moyens humains et matériels du service de planification.
L'insuffisance des moyens humains du service chargé de la planification résulte essentiellement du déficit de compétences. En dépit de certaines doléances des agents concernés, cette insuffisance est en effet davantage d'ordre qualitatif que quantitatif.

Nous avons vu que le manque de compétences spécifiques en matière de planification et d'évaluation pouvait également s'expliquer par un recrutement conformiste des cadres de l'éducation dans les corps d'inspection ou d'enseignement. Dans une certaine mesure, nous pouvons attribuer ce conformisme à l'héritage. Cependant, ce recrutement interne est également affaire de commodité. Il permet par exemple de détourner les restrictions de postes, sachant qu'il sera difficile au ministère des Finances de refuser de pourvoir les postes laissés vacants dans les classes.

Par ailleurs, l'insuffisance des moyens matériels, si insuffisance il y a, résulte nécessairement d'un mauvais arbitrage entre la quantité et la qualité. L'insuffisance est relative aux tâches à accomplir. L'attribution de cette insuffisance au niveau général de ressources du système éducatif, lui-même résultant du niveau de développement, n'est pertinente qu'en apparence. Ce n'est que parce que ces ressources sont diluées dans un trop vaste système qu'elles peuvent être jugées insuffisantes. Si l'on estime que l'arbitrage entre la quantité et la qualité est correct, c'est que l'on aura choisi en connaissance de cause le niveau de ressources allouées aux différentes fonctions de ce système.

Le mauvais arbitrage entre la quantité et la qualité, s'il est jugé comme tel, résulte à son tour de l'idéologie qui a eu tendance jusqu'à aujourd'hui à assimiler le développement du système éducatif à l'expansion de la scolarisation.

6. *Position institutionnelle et hiérarchique de la planification.* La localisation inadéquate de la planification dans la structure ministérielle peut être attribuée à l'héritage, en ce qu'elle manifeste un conformisme dicté par des structures importées. Dans les pays développés, l'intégration des fonctions est telle que leur hiérarchie n'est pas uniquement dépendante de la hiérarchie des services qui les assument. Ce n'est pas le cas dans les pays en développement, notamment dans les pays d'Afrique subsaharienne, qui ont plutôt retenu la hiérarchie formelle des postes et des hommes que celle des fonctions ; par ailleurs, le contexte de communications n'est pas propre à favoriser le contraire. Dans la hiérarchie des fonctions, la planification occupe une place de premier plan du fait de son enjeu et du fait de son caractère transversal au regard de la structure ministérielle.

Soulignons que le problème que nous évoquons ici concerne la planification dans un sens restreint à la fonction d'élaboration des plans et de programmes. Comme nous l'avons déjà indiqué, on peut concevoir qu'un service chargé d'instruire la planification (élaboration de statistiques, d'analyses) soit situé au même niveau que les services (directions) pédagogiques. En revanche, la fonction directive de la planification (conduite, contrôle, évaluation de la politique et des programmes) doit être située en amont.

7. *Conception des projets à l'insu du service de planification.* Ce problème est évidemment causé par la logique et les conditions de l'aide (rappelons que par ces termes, outre les caractéristiques propres à l'aide extérieure, nous entendons également la difficulté ou l'incapacité des pays à encadrer, intégrer, discipliner ou coordonner l'aide extérieure). La conception des projets n'est jamais d'emblée inscrite dans un plan ou un programme global. Bien que le bailleur puisse se soucier de la conformité de son projet à la politique sectorielle, sa conception peut être dès l'origine autonome. Il n'est naturellement pas conduit à entrer en contact avec le service chargé de la planification (ce qui l'exposerait du reste à d'éventuelles contraintes d'inscription de son projet dans le plan ou le programme existant). Ses interlocuteurs seront le ministère chargé de la coopération – interlocuteur officiel obligé des partenaires extérieurs ; le ministre de l'Éducation ; et les responsables des directions pédagogiques ou des institutions d'enseignement concernées directement par le projet.

La position institutionnelle et hiérarchique du service chargé de la planification, précédemment attribuée à l'héritage, peut empêcher qu'il soit informé de la conception des projets, même si une position adéquate ne garantirait pas forcément cette information.

Dans les faits cependant, les services de planification sont souvent informés incidemment ; et lorsque cette information est prévue, la difficulté des communications peut la faire échouer.

8. Mauvaise connaissance de l'aide extérieure. L'aide extérieure représente parfois une part importante de l'ensemble des dépenses d'éducation. Il arrive souvent par ailleurs que la programmation de l'aide soit peu détaillée et que les écarts entre la programmation et la réalisation soient grands.

La connaissance de l'aide extérieure effective, des déboursements et de sa structure est souvent très lacunaire (données globales indiquées au ministère du Plan et de la coopération ou au PNUD). Cela est donc préjudiciable à l'analyse des dépenses d'éducation.

Il va de soi que cette mauvaise connaissance résulte de la logique et des conditions de l'aide. Elle est bien sûr aggravée par les difficultés des communications.

9. Cohérence des dispositifs de planification. L'existence de dispositifs différents de planification – dispositifs nationaux, table ronde du PNUD, grands projets de la Banque mondiale, etc. – résulte principalement de la logique et des conditions de l'aide (en l'occurrence, des conditions). Les incohérences possibles entre ces dispositifs peuvent refléter une concurrence qui est déniée. Par ailleurs, bien qu'il y ait des tentatives de coordination de ces dispositifs, il est indéniable qu'ils n'ont pas été conçus pour être articulés. En outre, ces tentatives de coordination sont bien souvent imposées par des considérations diplomatiques, qui n'autorisent pas des oppositions techniques trop tranchées.

10. Absence de guichet unique. L'absence de guichet unique par lequel l'aide serait canalisée résulte évidemment de la logique et des conditions de l'aide. La gestion par projet présente pour les bailleurs de fonds l'avantage d'assurer un contrôle aux différentes étapes de sa réalisation et, pour le receveur, celui de limiter à ce projet particulier le contrôle exercé par le bailleur de fonds. L'existence d'un guichet unique dont l'intérêt en termes de cohérence de l'action des bailleurs de fonds est évident ne permettrait plus cependant d'obtenir ces avantages. Du point de vue des bailleurs de fonds, l'existence d'un guichet unique rendrait plus difficile le contrôle de l'usage des fonds ; du point de vue du receveur, elle expose au risque d'un contrôle budgétaire moins circonscrit.

11. Coordination des projets. La logique et les conditions de l'aide sont naturellement la source des difficultés de coordination des projets. L'autonomie est implicite dans la notion même de projet ; elle se concrétise dans une gestion indépendante de l'administration du ministère, même lorsque l'exécution est dite « nationale ».

Dans une situation générale de pénurie des moyens de l'administration, le projet apparaît souvent comme une manne pour les services qu'il concerne. Ainsi, on peut observer une tendance, du côté national, à maintenir une certaine opacité autour des projets, qui constitue un obstacle à leur coordination.

La difficulté des communications accroît bien sûr ces difficultés.

12. Définition des programmes, articulation entre les changements et l'existant. La définition d'un programme n'est pas une chose aisée si le programme doit prendre en compte toutes les activités du secteur. En dépit de certaines présentations, le programme n'est jamais défini avant l'élaboration des projets, du moins complètement. Le programme ne prédétermine pas les projets. Il est plutôt composé de manière à les intégrer après coup. Cette intégration est toujours délicate. La consolidation de l'ensemble des dépenses n'est possible qu'au prix de grandes simplifications et de classements approximatifs. L'articulation entre les changements (apportés par les projets) et l'existant est souvent peu claire.

Dans la mesure où l'implication des partenaires extérieurs dans la définition des programmes est forte et dans la mesure où l'aide finance une grande partie de l'investissement, ce problème trouve son origine dans la logique et les conditions de l'aide. Toutefois, il peut aussi être dû à un manque de compétences du service chargé d'élaborer ces programmes.

13. Problème des charges récurrentes. Là également, la logique et les conditions de l'aide rendent difficile la prise en compte des charges récurrentes, dans la mesure où la définition des projets est peu contrainte par la possibilité ultérieure du financement des charges récurrentes et où l'incitation des partenaires extérieurs à mettre en place ces projets peut être plus forte que la prudence qui devrait être suscitée par l'incertitude du financement de ces charges récurrentes.

Du côté national, la soumission aux impératifs du développement (idéologie) ou l'intérêt politique immédiat (primat du politique) sont également des origines de la non-prise en compte de ces charges récurrentes. Elles favorisent une vision à court terme de la politique éducative. Les conséquences néfastes d'une éventuelle impossibilité à assurer un fonctionnement correct des investissements sont occultées. Refuser un don, voire un prêt concessionnel, est toujours perçu comme une perte, un renoncement, qui contrarie l'impératif du développement. Enfin, les hommes politiques sont souvent mus par le souci de marquer leur passage par des réalisations concrètes. Cela les conduit à préférer les investissements immédiats au bon fonctionnement futur du système éducatif, et cela d'autant plus qu'il y a peu de risques qu'un mauvais fonctionnement soit associé, aux yeux de leurs électeurs, à leurs décisions passées. Il faut cependant ajouter que l'acceptation d'une aide peut être motivée par des considérations macro-économiques sans rapport direct avec l'éducation (besoin immédiat de devises étrangères, par exemple).

14. Horizon des programmes. La limitation de l'horizon des programmes a principalement pour origine la logique et les conditions de l'aide. Plus que par une volonté des bailleurs de fonds de privilégier le court terme, elle s'explique par leurs propres contraintes, notamment budgétaires. Ces contraintes affectent probablement davantage les partenaires bilatéraux que les agences d'aide internationales, même si ces dernières respectent des cycles de programmation relativement brefs.

Cependant, l'idée d'allonger la durée des programmes est de plus en plus acceptée. Comme nous l'avons déjà indiqué, elle est l'une des caractéristiques des programmes d'investissement sectoriel mis en place par la Banque mondiale.

15. Nature de l'engagement des bailleurs de fonds. Ce problème est évidemment très proche du précédent et son origine est la même (logique et conditions de l'aide), mais il existe même si la durée des programmes est courte. Même si le bailleur s'engage vis-à-vis de lui-même, au travers de budgets-programmes par exemple, il reste toujours souverain au regard du pays receveur. Dans une certaine mesure, la forme de l'aide, notamment l'implication continue du partenaire extérieur dans l'exécution des projets, donne à celui-ci l'occasion d'ajuster son engagement. L'aide est parfois assortie de conditions (« conditionnalités »), notamment pour les projets importants comme ceux de la Banque mondiale, dont le non-respect peut être une cause de rupture de l'engagement. Ces conditions ne confèrent pas pour autant à l'aide une valeur contractuelle forte : elles sont souvent souples et l'appréciation de leur respect laisse une large place à l'interprétation, et leur respect par le receveur ne garantit pas l'engagement du donateur (pour cela, il faudrait qu'il existe une instance supérieure d'arbitrage).

16. Non-articulation entre les programmes (y compris les PDP) et les budgets. Nous avons vu que l'articulation entre les programmes (quand ils existent) et les budgets (qu'il s'agisse du budget de l'État ou de celui des autres sources de financement) était très lâche. Cette non-articulation est liée à d'autres problèmes identifiés dans la présente liste (problèmes de nomenclature, attribution de la préparation budgétaire à un service non compétent, absence de règles donnant un enjeu aux négociations). Cependant, elle peut être distinguée en tant que telle. L'absence de dispositif ou le caractère peu opérationnel des dispositifs existants (PDP, budgets-programmes) peuvent être attribués à l'héritage au sens général de faible fonctionnalité d'une administration importée.

17. Mauvaise appréciation des capacités financières des partenaires nationaux (ménages, communautés, collectivités locales). Le partage du financement a déjà été évoqué ci-dessus (problème 4). La question de la pertinence du partage se pose indépendamment de la qualité des informations relatives aux différentes sources de financement. Cependant, la faiblesse de cette qualité peut la rendre vaine. Avant de déterminer la source de financement la mieux désignée pour couvrir tel type de dépenses, il importe d'avoir une idée juste des capacités de financement de chacune des sources. Une mauvaise appréciation de ces capacités s'apparente à un déni des contraintes financières tel qu'il a été défini et analysé ci-dessus.

On pense souvent, à tort, que le problème n'est pas tant d'apprécier les capacités financières des partenaires nationaux que de mobiliser ces capacités. Cette attitude est probablement due au rôle quelque peu palliatif qui leur est dévolu dans le financement. Quoi qu'il en soit, il importe de connaître l'origine du défaut de financement et de faire la part entre une mobilisation inefficace et une véritable incapacité de financement.

L'appréciation des capacités financières des ménages et des communautés peut être effectuée *via* des enquêtes d'opinion[59] ou des enquêtes sur la structure des dépenses effectives des ménages.

L'appréciation des capacités financières des collectivités locales est plus simple dans la mesure où ces dernières élaborent un budget qui permet de connaître leurs ressources globales, du moins leur ordre de grandeur. Cependant, l'évaluation de leur capacité à financer les dépenses d'éducation est plus difficile. Elle peut faire l'objet, comme pour les ménages et les communautés, d'enquêtes d'opinion ou sur la structure de leurs dépenses effectives.

La qualité de l'appréciation des capacités financières des partenaires nationaux dépend donc des compétences requises pour mener à bien ces enquêtes ainsi que, dans une moindre mesure, des communications qui les rendent difficiles. (Elle dépend également des moyens matériels dont dispose le service chargé d'apprécier ces capacités, mais l'insuffisance de ces moyens a été considérée comme un problème en tant que tel.)

18. Problèmes de nomenclature. Nous avons vu que la nomenclature budgétaire pouvait être inadéquate pour une bonne articulation entre le programme et le budget et rendre difficiles le contrôle et l'évaluation des dépenses. L'origine de ces problèmes remonte probablement à l'héritage, dans la mesure où l'établissement des nomenclatures a été influencé par des modèles extérieurs. Cependant, la variété des nomenclatures d'un pays à l'autre dans une même zone d'influence atteste de leur évolution par rapport au (x) modèle(s) d'origine. L'origine des défauts que l'on observe aujourd'hui peut par conséquent être également située dans un manque de compétences, celui des concepteurs de ces nomenclatures, bien sûr, mais aussi celui des utilisateurs potentiels dont la demande ne s'exprime pas ou ne s'exprime qu'imparfaitement.

19. Lettre de cadrage : arbitrage entre crédits de personnel et crédits de fonctionnement. L'héritage est à l'origine de ce problème dans la mesure où la lettre de cadrage fait partie d'un système importé. Plus que dans

---

59. Une telle enquête a été effectuée auprès d'un échantillon de ménages par l'équipe nationale du Niger constituée dans le cadre du groupe de travail sur les finances et l'éducation : *Le financement de l'éducation : problématique du partage des coûts et réformes budgétaires, cas de l'enseignement primaire et secondaire au Niger*, ronéo, CODESRIA/ADEA, décembre 1998. L'équipe nationale de Tanzanie a quant à elle effectuée une enquête auprès de décideurs nationaux et locaux sur les capacités de financement des ménages : *Education Financing and Budgetary Experiences in Tanzania: Critical Issues*, ronéo, CODESRIA/ADEA, avril 1999.

les pays développés, où un certain équilibre existe, la nécessité dans les pays d'Afrique subsaharienne de pouvoir effectuer un arbitrage entre les crédits de personnel et les crédits de fonctionnement représente un enjeu important.

20. Phase unique d'ajustement des propositions budgétaires. Dans la mesure où deux phases d'ajustement des propositions budgétaires (allers et retours entre le ministère des Finances et le ministère de l'Éducation) existent dans les modèles importés, il est loisible de penser que cette unicité est due aux communications, qui n'en permettraient pas la réalisation dans le délai imposé de l'année civile.

21. Attribution de la préparation budgétaire à un service non compétent (direction administrative et financière). Précisons tout d'abord que l'évocation de ce problème ne doit pas être perçue comme une remise en cause des compétences intrinsèques des directions administratives et financières.

La disposition qui consiste à confier la préparation budgétaire à une direction administrative et financière institutionnalise la séparation regrettable entre la planification-programmation et la budgétisation[60]. Cette séparation est d'autant plus regrettable que les contraintes financières ne s'expriment de manière précise que lors de la budgétisation. La phase de planification-programmation n'est achevée en quelque sorte qu'à l'issue de la phase de budgétisation (lorsqu'un PDP est élaboré, il doit instruire la préparation budgétaire, mais c'est au terme de celle-ci qu'il prend sa version définitive). La division des tâches entre le service chargé de la planification et le service chargé de la préparation budgétaire constitue un obstacle à une gestion moderne dans laquelle le choix des modes d'organisation du système éducatif est éclairé par la connaissance de leur efficacité et de la contrainte de financement.

On peut penser qu'il s'agit là d'une disposition conformiste influencée par l'héritage, au sens général de faible fonctionnalité d'une administration importée.

22. Absence de règles donnant un enjeu aux négociations. Les dispositions de l'élaboration des programmes et de la préparation budgétaire sont telles qu'il y a très peu, voire pas du tout d'incitations à produire un travail de qualité[61]. Un programme convaincant, fondé sur des analyses

---

60. Pour la signification que nous donnons à ce terme, voir notamment la note 5.
61. Ce qui est du reste souvent déploré par les cadres des ministères de

sérieuses, ne garantit ni l'obtention des crédits qu'il requiert ni même le respect de la structure du programme en cas d'attribution de crédits finalement inférieurs à ceux demandés. Les procédures, tout comme la nature des relations entre les ministères centraux et le ministère de l'Éducation, sont telles que l'idée même de pouvoir de négociation de ce dernier n'a guère de sens.

Dans les pays développés, même en l'absence de règles encadrant de manière précise les négociations, elles peuvent cependant être assises sur une reconnaissance commune de la valeur de l'argumentaire technique. Cela pour des raisons de compétences générales ou parce que le poids relatif de la technocratie y est plus important, voire du fait de l'appartenance des différents partenaires à une culture commune de la haute administration (grandes écoles en France, par exemple).

L'absence de ces conditions dans les pays d'Afrique subsaharienne rend d'autant plus nécessaire la définition de règles fixant un enjeu aux négociations. Nous verrons dans le chapitre suivant quelles pourraient être ces règles.

Par « absence de règles donnant un enjeu aux négociations », nous ne désignons pas le fait qu'à la différence des pays développés, l'environnement des pays d'Afrique subsaharienne ne permet pas de donner une valeur aux négociations, mais le fait que des règles n'y sont pas instituées pour pallier cet inconvénient.

En ce sens, l'origine de ce problème peut être située dans l'héritage – là encore entendu dans le sens général d'une faible fonctionnalité d'une administration importée.

23. Budgétisation opaque de l'aide extérieure. Nous avons déjà mentionné le problème de la mauvaise connaissance de l'aide extérieure (problème 8) ainsi que celui de la nature de l'engagement des bailleurs de fonds (problème 15). Bien qu'elle soit liée à ces deux problèmes, la question de la budgétisation opaque de l'aide extérieure s'en distingue, nettement avec le premier problème qui concerne le recensement des financements de l'aide extérieure *a posteriori* (dans le cadre d'évaluations ou d'analyses *ex-post*) ; elle se distingue moins nettement du second problème. Rappelons le sens que nous donnons à la budgétisation : c'est la procédure qui aboutit à l'adoption d'un budget qui représente une intention ou une promesse de dépenses. La budgétisation de l'aide extérieure manifesterait donc un engagement des bailleurs de fonds. La distinction porte sur la période concernée par l'engagement ainsi que sur son contenu. Dans la budgétisation, l'engagement est annuel et relativement détaillé. Le problème 15 concerne l'engagement global dans le cadre d'un plan ou d'un programme pluriannuel. L'origine de la budgétisation opaque est cependant la même que celle de la nature de l'engagement (logique et conditions de l'aide).

24. Mauvaise connaissance des dépenses des partenaires nationaux (ménages, communautés, collectivités locales). Le problème 17 a une dimension prospective (appréciation des capacités de financement des partenaires nationaux en vue notamment du partage du financement). Le présent problème a une dimension rétrospective. Le traitement des deux problèmes est néanmoins lié : la connaissance des dépenses effectives est l'un des moyens d'apprécier les capacités de financement.

La mauvaise connaissance des dépenses des partenaires nationaux est due à la fois aux communications et aux compétences.

25. Défaut de garantie du financement des ménages. L'appréciation correcte des capacités de financement des ménages (problème 17) ne garantit pas ce financement. L'adhésion des ménages est virtuelle et leur financement est souvent invoqué par défaut.

L'insuffisance des ressources de la population est certainement une cause de ce défaut de garantie, car même avec une bonne appréciation des capacités de financement des ménages, cette insuffisance peut toujours se présenter comme prétexte à la défection de leur participation. Par ailleurs, cette insuffisance va de pair avec une grande disparité des revenus, et l'existence de revenus très bas rend difficile l'adoption de règles strictes de participation.

Les communications – dans l'acception large de ce terme (la valeur sociale des communications telle qu'elle est déterminée par l'intégration des lois et des règles sociales) – sont également une cause de ce défaut de garantie.

L'adoption de contraintes législatives pour assurer cette garantie n'est pas forcément nécessaire dans les pays développés, compte tenu du niveau de richesse de la population et de l'importance des contributions demandées. Elle ne serait cependant pas forcément efficace dans les pays d'Afrique subsaharienne (voir le problème suivant).

26. Recouvrement des droits de scolarité et autres contributions collectives des ménages. Ce problème est bien sûr très proche du précédent et ses origines sont les mêmes (ressources de la population, communications). Nous tenons à les distinguer à des fins analytiques. Le défaut de garantie est une caractéristique très importante du financement des ménages, rarement prise en considération lors des premières phases d'élaboration du projet éducatif (politique, planification-programmation) et rarement évoquée par les analystes. Il concerne toutes les formes de financement des ménages (dépenses individuelles et collectives) et non pas les seules contributions qui font l'objet d'un recouvrement.

Le recouvrement constitue un problème en tant que tel. Il s'agit d'un dispositif qui rencontre les mêmes difficultés structurelles que celles précédemment évoquées à propos du système fiscal. Il est affaibli par la difficulté de sanctionner le défaut de paiement. Conditionner l'inscription à l'école au paiement des droits entre en conflit avec la volonté de scolariser le plus grand nombre d'élèves, volonté qui s'exprime parfois dans un principe de scolarisation obligatoire. L'établissement d'une discrimination des élèves selon leur sujétion à ce paiement (indigents/non indigents) pose des problèmes techniques délicats, d'autant plus qu'elle est à la charge de l'école et donc susceptible d'être entachée de partialité et de subjectivité.

27. Exécution partielle des budgets. Il n'est pas fréquent que les taux d'exécution des budgets soient trop faibles. Cependant, il s'agit d'un problème sérieux lorsqu'ils le sont car cette exécution partielle rend vains tous les efforts déployés lors des phases précédant l'exécution ; les arbitrages sont rendus en fonction du caractère plus ou moins incompressible des dépenses (items prioritaires des budgets, les salaires par exemple).

Ce problème a plusieurs origines : pour le budget de l'État, c'est l'aléa des recettes publiques, d'où peut résulter une surestimation des recettes, qui est en cause ; mais ce sont aussi les communications, qui rendent difficiles les procédures d'exécution ; les compétences insuffisantes, qui peuvent expliquer une maîtrise imparfaite de ces procédures ; et l'idéologie (impératif du développement), qui empêcherait l'inscription au budget de crédits réalistes.

28. Délais d'exécution trop longs des budgets. A la différence du précédent, ce problème est fréquent. La lenteur de l'exécution des budgets nuit surtout à l'efficacité des activités. Au pire, elle peut être rédhibitoire (les crédits ne sont pas utilisés). Elle peut dans ce cas être délibérée et constituer une manœuvre dilatoire pour aboutir à une exécution partielle du budget.

Les communications sont certainement à l'origine de la lenteur de l'exécution. Dans le sens technique que nous avons donné à cette origine (les moyens de communication), mais également dans le sens de l'intégration des lois et règles sociales (*supra*), lorsque cette lenteur résulte de l'excès de contrôle (qui peut donc être considéré comme la manifestation d'un manque de confiance sociale). Les compétences sont également en cause, notamment en ce qui concerne l'exécution des budgets d'investissement. Par ailleurs, lorsque la lenteur de l'exécution est délibérée, elle a bien sûr les mêmes origines que le problème précédent (aléa des recettes publiques, idéologie).

29. Différence entre l'année scolaire et l'année budgétaire. Dans la mesure où elle constitue un problème, on peut attribuer la cause de cette différence à l'héritage qui l'a imposée, et à la logique et aux conditions de l'aide dans la mesure où elle résulterait des contraintes du recours aux coopérants.

30. Concussion. Les communications entendues au sens large sont probablement l'une des origines de la concussion. On peut également évoquer l'héritage, dans la mesure où le caractère importé des structures peut nuire à leur respect. Cette étiologie de la concussion est certainement discutable et d'autres causes peuvent être avancées. Mais elle est ici peu importante, car c'est un problème que nous n'avons pas la prétention de résoudre.

CHAPITRE 3.
LA RECHERCHE DES SOLUTIONS

Les origines identifiées dans le précédent chapitre présentent des caractéristiques différentes au regard de la solution des problèmes du financement. Aucune des origines ne peut être supprimée, bien qu'une grande partie des problèmes puisse être résolue ou leur gravité amoindrie ; c'est du reste pourquoi nous avons préféré le terme d'« origine » à celui de « cause ». Cependant, de la nature de l'origine dépendent la possibilité de résoudre le problème et la difficulté de cette suppression. Examinons brièvement chacune de ces origines de ce point de vue.

1. Héritage. L'héritage est bien sûr difficile à supprimer globalement, mais il ne s'agit pas d'un phénomène diffus. Une structure, une règle inadéquate peuvent être changées. Il se peut que ce changement ne concerne pas uniquement le secteur éducatif, ce qui le rend alors plus difficile à accepter.

2. Idéologie. Pour disparaître, l'influence idéologique doit être neutralisée. Cela n'est évidemment pas facile, d'autant plus qu'elle doit d'abord être reconnue comme telle.

3. Primat du politique. Seul le renforcement de la technocratie peut contrecarrer le primat du politique. Ce renforcement ne peut être qu'une conséquence du développement. Par ailleurs, il est difficile de concevoir des mesures – nécessairement choisies, directement ou indirectement, par le pouvoir politique – qui le remettent en cause.

4. Compétences. Nous avons vu que le déficit de compétences pouvait avoir deux causes : d'une part, le niveau général d'instruction de la population et par conséquent des agents de l'administration ; d'autre part, le niveau relatif des salaires entre l'administration et le secteur privé, voire le marché international, qui limite les capacités de recrutement de l'administration. La première cause ne disparaîtra qu'avec le développement. En revanche, la seconde peut être en partie levée. Nous verrons plus loin comment.

5. Communications. Le contexte de communications est intrinsèque au sous-développement. Il est d'autant plus difficile d'en pallier les effets négatifs que ces effets sont diffus et difficiles à circonscrire.

6. *Logique et conditions de l'aide*. Des efforts sont faits pour améliorer l'intégration de l'aide. Mais, précisément, si des progrès ont été accomplis, notamment dans la coordination des projets, les efforts ne sont pas récents et les progrès sont somme toute limités. Ils sont plus souvent dus à une bonne volonté et une bonne entente des représentants locaux des bailleurs et agences d'aide qu'à la mise en place de dispositifs formels (les mêmes dispositifs permettent des résultats très différents d'un pays à l'autre, d'une période à l'autre).

Cependant, on peut certainement concevoir une amélioration de ces dispositifs formels, la mise en place de nouveaux dispositifs et une évolution de l'organisation générale de l'aide.

7. *Ressources de la population*. La participation directe[62] des populations au financement de l'éducation est de plus en plus sollicitée. Bien qu'il y ait de bonnes raisons pour la justifier – la responsabilisation notamment –, elle se présente souvent comme un ultime recours face à la crise des finances publiques et à la difficulté d'une mobilisation accrue de l'aide extérieure. Nous avons vu que la faiblesse des ressources de la population expliquait le défaut de garantie de cette participation ainsi que la difficulté du recouvrement des droits de scolarité et autres contributions des ménages. Il va de soi que ces problèmes peuvent être résolus sans attendre que leur cause profonde disparaisse avec le développement. Il s'agit précisément d'adopter des niveaux et des types de contribution qui tiennent compte de ces problèmes.

8. *Aléa des recettes publiques*. L'aléa des recettes publiques disparaîtra avec le développement, mais les mécanismes de compensation, financés notamment par l'aide (Stabex, Sysmin) qui en atténuent les effets, peuvent être étendus et renforcés.

3.1 Analyse ponctuelle des problèmes

Nous allons maintenant examiner les solutions possibles des différents problèmes identifiés dans les précédents chapitres. Le tableau 3 synthétise la première étape de cet examen. Lisons-le de gauche à droite. La première colonne indique l'intitulé du problème ; l'ordre

---

62. Autrement que par l'impôt.

des problèmes est explicité ci-dessous. Les trois colonnes suivantes indiquent la (les) action(s) ciblée(s) sur le problème, susceptibles de le résoudre, et l'(les) instance(s) concernée(s) par ces actions : État (y compris les ministères centraux), ministère de l'Éducation, partenaires extérieurs. La cinquième colonne indique l'efficacité des actions pour la résolution du problème : l'efficacité est absolue ou relative et les astérisques mesurent le degré de facilité des actions (de facile : *** à difficile : *). Les deux dernières colonnes indiquent les interactions directes entre les problèmes ; la résolution d'un problème peut faciliter la solution d'un autre ou le rendre caduc.

Les actions indiquées sont plus exactement des recommandations d'action. Considérons par exemple le problème 18, relatif à la nomenclature budgétaire. L'action ciblée est la modification de cette nomenclature. Le renvoi suggère que cette modification s'inspire de l'analyse du problème effectuée dans le chapitre 2. On pourrait concevoir une description détaillée de la modification pour chaque pays. Mais pratiquement, cela serait bien sûr une gageure. En outre, les nomenclatures peuvent changer. Si l'action pouvait être précisée, elle suffirait à résoudre le problème et elle pourrait être considérée comme étant facile (***) ; mais ce n'est pas le cas et c'est pourquoi nous avons mis deux étoiles à son degré de facilité.

Nous avons séparé les problèmes en deux grandes catégories : dans les premières lignes sont placés les problèmes pour la solution desquels l'efficacité de l'action ou des actions ciblées est absolue ; dans les dernières, les problèmes pour la solution desquels cette efficacité est relative. Cette distinction a son importance et c'est pour cela que nous la précisons. Si l'action résout le problème de manière tautologique, pourrait-on dire, son efficacité est absolue ; c'est le cas lorsqu'il s'agit de modifier dans un sens précis une procédure ou une disposition particulière – la position institutionnelle du service de planification par exemple ; cela ne signifie pas que l'action soit facile à entreprendre, mais si elle l'est, le problème est *ipso facto* résolu. En revanche, une action peut être entreprise, éventuellement facilement, sans que son efficacité pour résoudre le problème soit assurée ; dans ce cas, nous disons que son efficacité est relative, en ce sens qu'elle dépend d'autres conditions, souvent plus générales ; pour avoir une bonne connaissance de l'aide extérieure, on peut mettre en place un système de collecte des données ; ce système peut être excellent, mais on ne peut avoir la certitude qu'il sera parfaitement efficace : cela dépendra notamment du contexte de communications et d'une bonne coopération des partenaires extérieurs[63].

3.1.1 Problèmes pour lesquels l'efficacité des actions est absolue

On peut classer ces problèmes dans deux catégories : la première concerne des dispositions, toutes relatives aux procédures budgétaires (indirectement, pour le premier d'entre eux), qui définissent (ou non) l'enchaînement entre la programmation et la budgétisation ; la seconde concerne des problèmes liés directement à l'aide extérieure.

Dans la première catégorie, deux problèmes peuvent être résolus par une action très simple : celui de la position institutionnelle et hiérarchique de la planification et celui de l'attribution de la préparation budgétaire à un service non compétent.

Une décision suffit pour modifier la position institutionnelle et hiérarchique de la planification. Nous avons déjà indiqué qu'il était possible de distinguer les fonctions directives des fonctions instructives de la planification. Deux formules peuvent donc être envisagées : soit le positionnement du service de la planification au sein du secrétariat général ou de la direction générale du ministère, soit le seul placement des fonctions directives de la planification à ce niveau.

La résolution de ce problème faciliterait par ailleurs celle de deux autres problèmes : la conception des projets à l'insu du service de planification et la coordination des projets (tableau 3).

L'attribution de la préparation budgétaire au service chargé de la planification (des fonctions directives) ne relève également que d'une décision. L'intérêt de cette mesure est notamment d'augmenter l'impact attendu d'une meilleure articulation entre le programme et le budget (problème 16).

L'impact de la résolution de ces problèmes sur l'efficacité du projet éducatif (tableau 2) est cependant potentiellement moyen et d'une probabilité faible ou moyenne.

---

63. Dans le tableau 3, les problèmes liés directement à l'aide extérieure sont indiqués sur fond grisé.

Tableau 3. **Classement des problèmes selon la nature de leur solution possible**

Problèmes	Actions ciblées sur le problème			Efficacité des actions pour résoudre le problème	Facilité la résolution de	Rend caduc
	État	Ministère de l'Éducation	Partenaires extérieurs			
6. Position institutionnelle, hiérarchique de la planification		Modification de cette position (sections 1.2.1 et 3.1)		Absolue***	7, 8, 11, 17, 24	
21. Attribution de la préparation budgétaire à un service non compétent (Direction administrative et financière)		Attribution de la préparation au service de planification (sections 1.3.1.3 et 3.1)		Absolue***		21
16. Non-articulation entre les programmes (y compris PDP) et les budgets	Modification de la procédure de préparation budgétaire (section 3.1)			Absolue**	13	
18. Problèmes de nomenclature	Modification de la nomenclature (section 1.3.1.2)	Modification de la nomenclature (section 1.3.1.2)		Absolue**	16	
19. Lettre de cadrage : arbitrage entre crédits de personnel et crédits de fonctionnement	Modification de la procédure de préparation budgétaire (sections 1.3.1.3 et 3.1)			Absolue**		
22. Absence de règles donnant un enjeu aux négociations	Modification de la procédure de préparation budgétaire (section 3.1)			Absolue**		
20. Phase unique d'ajustement des propositions budgétaires	Simplification des procédures pour permettre deux phases (section 3.1)			Absolue*		
29. Différence entre l'année scolaire et l'année budgétaire		Modification de l'année scolaire section 3.1		Absolue*		
9. Cohérence des dispositifs de planification	Adoption d'un dispositif unique (sections 1.2.2 et 3.1)	Adoption d'un dispositif unique (sections 1.2.2 et 3.1)		Absolue**	1, 11	

Chapitre 3 - La recherche des solutions

10. Absence de guichet unique	Adoption du principe de n'accepter une aide qu'à la condition qu'elle intègre un guichet unique (sections 1.2.2.1 et 3.1)		Accord d'un nombre suffisamment important de bailleurs de fonds (sections 1.2.2.1 et 3.1)	Absolue*	1, 4, 8
					9, 11, 23
15. Nature de l'engagement des bailleurs de fonds			Modification des conditions de l'aide (sections 1.2.2.1 et 3.1)	Absolue*	4, 8, 11, 13, 23
14. Horizon des programmes			Modification des conditions de l'aide (sections 1.2.2.1 et 3.1)	Absolue*	
23. Budgétisation opaque de l'aide extérieure			Communication systématique de budgets (sections 1.3.2 et 3.1)	Absolue*	8, 12
7. Conception des projets à l'insu du service de planification	Information systématique des inscriptions au PIP		Information du service	Relative***	11
17. Mauvaise appréciation des capacités financières des partenaires nationaux (ménages, communautés, collectivités locales)		Mise en place d'une collecte régulière et élaboration d'une méthode d'analyse standardisée (section 3.1)		Relative**	3, 4
24. Mauvaise connaissance des dépenses des partenaires nationaux (ménages, communautés, collectivités locales)		Mise en place d'une collecte régulière et élaboration d'une méthode d'analyse standardisée (section 3.1)		Relative**	17
8. Mauvaise connaissance de l'aide extérieure		Système de collecte régulier par le service de planification (section 3.1)	Système de collecte régulier par le service de planification (section 3.1)	Relative**	4, 11

1. Cohésion de la définition de la politique éducative	- Un seul ministère de l'Éducation (section 3.1) - Tutelle unique et spécifique des ministères de l'Éducation (sections 1.1 et 3.1)	Systématisation des tables rondes (section 3.1)	Relative**	
2. Défauts d'expression de la politique éducative				
3. Déni des contraintes				
4. Mauvais partage du financement		Adoption de principes de partage (sections 1.1.3 et 3.1)	Relative*	25
25. Défaut de garantie du financement des ménages		Modifications du partage du financement (sections 1.1.3 et 3.1)	Relative**	26
11. Coordination des projets		Concertation (section 3.1)	Concertation (section 3.1)	Relative**
12. Définition des programmes, articulation entre les changements et l'existant		Amélioration de cette définition (section 3.1)		Relative*	13
13. Problème des charges récurrentes			Amélioration de la qualité des projets	Relative**	
27. Exécution partielle des budgets	Allégement des procédures de contrôle (section 3.1)		Extension et renforcement des systèmes de stabilisation des recettes d'exportation (section 3.1)	Relative*	
28. Délais d'exécution trop longs des budgets	Allégement des procédures de contrôle (section 3.1)		Extension et renforcement des systèmes de stabilisation des recettes d'exportation (section 3.1)	Relative *	

26. Recouvrement des droits de scolarité et autres contributions collectives des ménages		Mesures plus contraignantes		Relative*	
5. Insuffisance des moyens humains et matériels du service de planification		Augmentation des moyens humains et matériels du service (section 3.1)		Relative*	2, 4, 8, 11, 12, 13, 17, 18, 24
30. Concussion	pm		pm	pm	pm

La non-articulation entre les programmes et les budgets est en revanche un problème dont l'impact sur l'efficacité du projet éducatif est important. Le programme doit déterminer la proposition budgétaire. Quelle doit être la nature de cette détermination ? On ne peut concevoir que le budget ne soit qu'une traduction du programme : ce serait dénier *a priori* tout pouvoir aux représentants du peuple chargés de voter le budget. En revanche, on peut concevoir que le programme détermine le projet de budget.

Lors de l'élaboration du programme, les contraintes budgétaires doivent être estimées ; elles sont précisées au moment de l'élaboration du budget. Le programme devra donc être ajusté après le vote du budget. Normalement, le programme de l'année n sera le programme ajusté de l'année n-1 que l'on aura prolongé éventuellement d'une année (cela sera fonction de l'horizon retenu). Il est cependant possible que des événements (endogènes ou non au système éducatif : modification des perspectives économiques ou adoption d'une nouvelle technologie éducative indiquée par une étude, pour ne citer que deux exemples) induisent des modifications du programme ajusté. Dans ce cas, ces modifications devront être mentionnées dans le programme de l'année n. Il importe que l'articulation entre le programme et le budget soit formalisée.

Pour la phase d'élaboration du projet de budget, le fait de recommander au service qui en est chargé de s'inspirer du programme et de justifier son projet par le programme pourrait être jugé suffisant. Il y a pourtant un fort risque que cette recommandation ne soit pas suivie, ou qu'elle le soit un temps seulement. Par ailleurs, la justification du projet de budget par le programme doit être lisible par les responsables des finances. Il est donc nécessaire que cette articulation soit institutionnalisée. Le programme doit tout d'abord être un élément du dossier de projet de budget, la procédure doit l'exiger. La présentation et la formulation du programme doivent observer certaines règles communes à l'ensemble des ministères, de manière à clarifier les discussions budgétaires (définition des concepts, modes de justification du programme, tableaux, indicateurs, etc.) ; les PDP initiés par la Banque mondiale sont d'ailleurs conçus dans cet esprit ; l'adoption d'un format standardisé facilite en outre la confrontation et la consolidation de l'ensemble des programmes.

La phase d'ajustement du programme (après le vote du budget) revêt une grande importance. En effet, l'articulation n'a de sens que si elle s'exerce dans le temps, tout simplement parce que le programme lui-même est pluriannuel. Dans les expériences actuelles où un programme (un PDP par exemple) est censé guider la préparation budgétaire (sans qu'il y ait toutefois une intégration réelle du programme dans la procédure budgétaire), on peut constater une absence totale de mémoire de la programmation passée. Le schéma 3 présente la liaison temporelle des programmes. Supposons, pour simplifier, que les programmes soient établis sur cinq années. Les dépenses de l'année n-1 du programme de l'année n sont normalement des dépenses effectives ; les dépenses de l'année n sont des dépenses estimées ; les dépenses des années ultérieures sont des dépenses programmées. Après le vote du budget, le programme initial est ajusté. En l'absence d'événements perturbateurs, le programme ajusté en n constitue le programme initial (à une année près) de l'année n+1 (ce que matérialisent les longues flèches fines). Or, dans la plupart des expériences actuelles, si ce n'est toutes, s'il y a un ajustement du programme après le vote du budget[64], ce qui est rare, il n'y a pas de lien entre ce programme ajusté et le programme initial de l'année suivante. Chaque année, il est fait en quelque sorte table rase du passé.

L'importance de ce lien doit être précisée. On pourrait penser qu'il est inutile de s'encombrer d'un programme passé et qu'il importe surtout d'élaborer aujourd'hui le meilleur programme possible avec les données les plus récentes ; les procédures actuelles suscitent du reste cette attitude. Le lien est logiquement impliqué par la nature même du programme – pluriannuel – et, s'il n'existe pas, le programme est factice. L'octroi des crédits doit être fondé sur la valeur du programme. Si la procédure budgétaire exige formellement le lien, elle contribuera à le créer réellement : si le ministère de l'Éducation doit justifier les différences[65] entre les quatre dernières années du programme ajusté de l'année n et les quatre premières années du programme initial de l'année n+1, il aura intérêt non seulement à concevoir de bons programmes, mais aussi à les respecter.

Nous pouvons distinguer trois types de causes pour ces différences : hypothèses non vérifiées (pour le passé) ou modifications d'hypothèses commandées par de nouvelles informations (pour le futur) ; mesures non respectées (pour le passé) ou modifications des objectifs ou des stratégies pour les atteindre (pour le futur) ; défaut, imperfection ou imprécision du modèle de planification (pour le passé) ou modification de ce modèle (pour le futur). Cette distinction des causes est de nature à permettre au ministère des Finances d'apprécier le programme ; elle n'est pas difficile à établir si, comme c'est souvent le cas maintenant, le modèle de planification est informatisé.

---

64. Il est par exemple explicitement prévu dans la procédure d'élaboration du PDP au Tchad.
65. Les différences ne concernent pas seulement les dépenses, mais également les différents indicateurs (activités, moyens, impacts, etc.) qui permettent d'évaluer le programme.

Une articulation complète entre programme et budget nécessite en outre que le ministère des Finances indique aux ministères techniques quelles sont les enveloppes budgétaires approximatives pour les années futures.

L'intégration dans la procédure budgétaire de l'articulation entre programme et budget relève d'une décision du ministère des Finances et elle concerne tous les ministères. En ce sens, il ne s'agit pas d'une me-

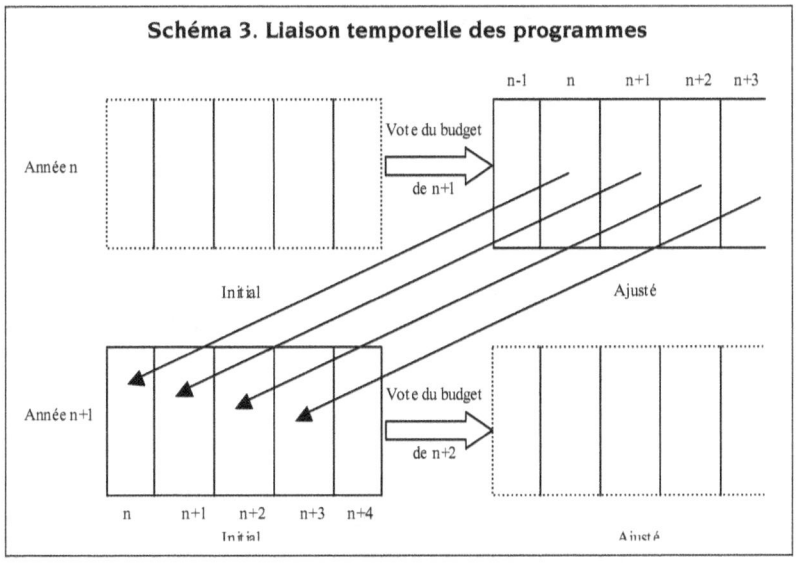

sure simple. Par ailleurs, la définition de cette articulation requiert des compétences qui ne sont pas triviales.

Si la nomenclature budgétaire est inappropriée, il suffit bien sûr de la changer. L'élaboration d'une bonne nomenclature n'est toutefois pas évidente (section 1.3.1.2). Là également, la compétence des services qui en seraient chargés est sollicitée.

A l'évidence, la résolution du seul problème de la nomenclature ne peut avoir qu'un faible impact. En revanche, elle est de nature à augmenter l'efficacité de la résolution des autres problèmes liés à l'articulation entre programme et budget et à l'évaluation des programmes.

La lettre de cadrage (ou lettre circulaire de programmation budgétaire), dont la formulation ne permet pas au ministère de l'Éducation d'effectuer un arbitrage entre les dépenses de personnel et les dépenses de fonctionnement, peut également être reformulée de manière à permettre précisément cet arbitrage. Plutôt que d'indiquer deux enveloppes distinctes pour ces deux catégories de dépenses, il suffirait d'en indiquer une seule. Dans la mesure où la création de postes budgétaires a des implications futures (il est difficile de supprimer des postes), il est concevable que cette création soit limitée. Au lieu de dire au ministère de l'Éducation : « vous pouvez créer 100 postes budgétaires et l'augmentation de votre budget de fonctionnement hors personnel ne devra pas dépasser 5 % (ce qui représente un budget ordinaire global maximal de 4 milliards) », on pourrait lui dire : « votre budget ordinaire global ne devra pas excéder 4 milliards et vous ne devrez pas créer plus de 100 postes budgétaires » ; ainsi, le ministère pourrait demander par exemple 50 nouveaux postes budgétaires et une augmentation de 10 % de ses crédits de fonctionnement hors personnel.

Même dans le cas où les marges de manœuvre seraient faibles, le seul fait d'offrir la possibilité d'un arbitrage a une grande importance : cela peut susciter et encourager une réflexion sur l'allocation des ressources et améliorer le rapport qualité/quantité.

La modification de la lettre de cadrage ne présente en tant que telle aucune difficulté. Cependant, cette modification doit être décidée par le ministère des Finances (voire par le Premier ministre) et elle concerne l'ensemble des ministères. Pour ces raisons, on peut estimer qu'il ne s'agit pas d'une mesure facile à prendre.

L'impact potentiel de la modification de la lettre de cadrage sur l'efficacité du projet éducatif est fort en ce qui concerne l'équilibre entre l'investissement et le fonctionnement et en ce qui concerne l'efficacité des activités. Nous avons jugé que la probabilité de cet impact était forte (tableau 2), dans le sens où l'impossibilité d'un arbitrage, si elle est contraignante, affecte nécessairement la répartition des crédits.

La phase unique d'ajustement des propositions budgétaires est un problème qui peut être théoriquement résolu sans grandes difficultés. Il suffirait en effet de simplifier certaines procédures d'élaboration de la proposition budgétaire pour permettre deux phases de négociation entre le ministère des Finances et celui de l'Éducation. Souvent, la proposition de budget est établie sur la base d'un recensement des besoins au niveau périphérique. Cette disposition semble probablement bonne dans la mesure où elle paraît garantir à la fois la précision et la pertinence des demandes. C'est en grande partie un leurre. La précision des demandes périphériques est dérisoire au regard de la globalité du budget ; la pertinence des besoins est presque toujours déniée lors de la prise en compte des contraintes de financement. Il y a donc là un gain de temps possible.

Cependant, le calendrier budgétaire est commun à l'ensemble des ministères. Par ailleurs, le contexte de communications peut rester rédhibitoire.

L'établissement de règles donnant un enjeu aux négociations budgétaires serait une incitation forte à l'élaboration de programmes de qualité. Une articulation formalisée entre le programme et le budget en est une condition nécessaire mais non suffisante. Comme nous l'avons déjà indiqué, il s'agirait de mettre en place un système permettant de récompenser la qualité du programme. On pourrait concevoir que la lettre circulaire de programmation budgétaire prévoie une masse financière, au-delà du plafond de croissance des crédits, dont la répartition entre les ministères se ferait sur la base de la qualité de leurs programmes.

La qualité des programmes, pour être comparable entre les ministères, concerne la valeur de leur justification, le respect des engagements relatifs aux programmes antérieurs, et l'explicitation des écarts éventuels entre le programme ajusté de l'année n-1 et le programme initial de l'année n. L'adoption d'un tel système stimulerait l'offre de justifications ; par ailleurs, il ne serait pas insensé d'investir davantage dans les programmes les plus fiables. Toutefois, cette adoption n'est sans doute pas simple dans la mesure où elle institue formellement une concurrence entre ministères, qui rompt avec les habitudes.

Le dernier problème de cette première catégorie est celui de la différence entre l'année scolaire et l'année budgétaire. Bien qu'il soit parfois cité dans les analyses concernant le financement, il s'agit d'un problème qui nous paraît à la réflexion de faible importance.

La seconde catégorie de problèmes pour lesquels l'efficacité d'une ou plusieurs actions est absolue concerne l'aide extérieure. Cinq problèmes en font partie : la cohérence des dispositifs de planification, l'absence de guichet unique, la nature de l'engagement des bailleurs de fonds, l'horizon des programmes et la budgétisation opaque de l'aide extérieure. Ces problèmes sont plus difficiles à résoudre que les précédents.

Dans l'idéal, tous les bailleurs de fonds pourraient alimenter un programme et un budget uniques et s'engager fermement sur une même période, suffisamment longue. Du reste, cet idéal est déjà en partie envisagé par la Banque mondiale dans le cadre de ses programmes d'investissement sectoriel[66]. La canalisation de toutes les aides dans un même moule reste toutefois soumise à deux conditions : la première est l'accord des principales organisations internationales d'aide – Banque mondiale, Banque africaine de développement, Union européenne, UNESCO, etc. – et des principales agences bilatérales – celles des pays de l'OCDE. Pour être remplie, cette condition nécessiterait une redéfinition des missions de certaines d'entre elles et non pas de simples déclarations d'intention ou la mise en place de dispositifs additionnels qui ne mettent pas en cause ces missions. La seconde condition est l'adoption, par les pays receveurs, de règles conformes à cette canalisation, règles auxquelles ils exigeraient que se soumette tout donateur.

Ces conditions sont contraignantes si l'on souhaite la mise en place d'un véritable guichet unique, c'est-à-dire d'un système qui implique la non-affectation des recettes. Ce système rendrait caduque la spécialisation des agences d'aide qui se focalisent soit sur des catégories économiques de dépenses (constructions, assistance technique, etc.), soit sur des sous-secteurs (primaire, secondaire, technique, etc.), soit sur des populations particulières (adultes, filles, etc.). Sans préjuger de l'intérêt de cette expérience récente, on peut penser que les programmes d'investissement sectoriel ne constituent qu'un pseudo guichet unique : il s'agit d'intégrer les aides dans un même programme, de mieux les coordonner, plutôt que de les y fondre indistinctement.

L'adoption d'un guichet unique aurait probablement un impact fort sur l'efficacité du projet éducatif (tableau 2). Par ailleurs, elle rendrait caducs les problèmes de cohérence des dispositifs de planification et de budgétisation opaque de l'aide extérieure, deux problèmes qui font partie de la catégorie examinée dans ce paragraphe ; comme elle rendrait également caducs les problèmes de conception des projets à l'insu du service de planification et de coordination des projets (puisqu'elle vaut abandon de l'approche-projet). En outre, elle favoriserait la solution du problème de la cohésion de la politique éducative (1), celui du mauvais partage du financement (4) et celui de la mauvaise connaissance de l'aide extérieure (8) (tableau 3).

---

66. La fermeté de l'engagement n'y est cependant pas envisagée.

Si le guichet unique, l'horizon des programmes et l'engagement des bailleurs de fonds présentent un enjeu considérable, il va de soi que la résolution des problèmes qu'ils posent est très difficile. Elle n'est probablement pas pour bientôt ; mais elle n'est pas utopique ; elle le sera d'autant moins qu'on osera l'affirmer.

3.1.2 Problèmes pour lesquels l'efficacité des actions est relative

Quatre de ces problèmes concernent l'information : la conception des projets à l'insu du service de planification, la mauvaise appréciation des capacités financières des partenaires nationaux, la mauvaise connaissance des dépenses des partenaires nationaux et la mauvaise connaissance de l'aide extérieure.

Lorsqu'ils sont localisés, les problèmes d'information ne semblent pas difficiles à résoudre. Ne suffit-il pas de mettre en place un système de collecte et d'analyse de données ? Faut-il encore que ce système soit fiable. Pour les informations relatives aux partenaires nationaux (ménages, communautés, collectivités locales), il implique la participation d'un nombre relativement important d'agents qui doivent avoir les compétences requises par leur tâche spécifique (la qualité du travail d'enquête, par exemple, est décisive bien que ce travail soit effectué par des agents subalternes). Par ailleurs, la conception des enquêtes permettant d'apprécier les capacités financières des ménages n'est pas un exercice banal. Le renforcement du service de planification – moyens humains et matériels ainsi que position institutionnelle – est indispensable pour garantir à la fois la qualité de cette conception et l'analyse des données recueillies. Il l'est également pour assurer convenablement la collecte et l'analyse des données relatives à l'aide extérieure. Il doit être tel, enfin, que les membres de ce service puissent contrôler efficacement le travail des enquêteurs (pour les dépenses des ménages notamment).

Il ne suffit pas que les systèmes de collecte et d'analyse des données soient objectivement fiables. Encore faut-il qu'ils soient reconnus comme tels par tous les partenaires. Cet aspect subjectif est essentiel puisqu'il est question de communication, dans un secteur en outre où la sanction des actions (instruites par ces informations) n'est ni immédiate, ni évidente.

Naturellement, la reconnaissance unanime de la valeur de l'information est déterminée par sa qualité objective. Mais cette détermination n'est pas évidente. Il ne suffit certes pas que les apparences de l'information (la compétence formelle de ceux qui la produisent, sa présentation) soient propres à susciter cette reconnaissance, mais ces apparences ne sont pas secondaires. A cet égard, la régularité et la constance de la présentation de l'information sont importantes ; quand des collectes et des analyses de données relatives aux dépenses des partenaires nationaux ou à l'aide extérieure existent, elles sont la plupart du temps occasionnelles. La pérennité du système de collecte et d'analyse des données relatives à l'aide extérieure n'est pas facile à établir – les changements d'interlocuteurs dans les agences d'aide sont fréquents. Il est donc nécessaire que la mise en place du système soit soutenue pendant les premières années jusqu'à ce qu'il devienne incontournable aux yeux de tous ; l'implication des partenaires dans un tel projet est indispensable.

La mise en place d'un système général de recueil et d'analyse des données financières relatives à l'éducation pourrait contribuer à résoudre d'une manière intégrée l'ensemble de ces problèmes d'information ; elle permettrait en outre une consolidation des différents budgets. Un tel système a été réalisé dans le cadre du projet SISED lancé en 1991 par le groupe de travail de l'ADEA sur les statistiques de l'éducation[67]. L'adoption de ce système par les pays d'Afrique subsaharienne[68] n'est toutefois pas encore acquise. Par ailleurs, l'efficacité de tout système semblable reste tributaire du contexte de communication, dont dépend notamment la collecte des informations, et des compétences de leurs utilisateurs.

Trois problèmes concernent la définition de la politique éducative : la cohésion de la définition de la politique éducative, les défauts d'expression de la politique éducative et le déni des contraintes.

Pour améliorer la cohésion de la définition de la politique éducative, on peut recommander d'éviter la pluralité des ministères de l'Éducation, ou préconiser au moins la mise en place de ministères délégués auprès d'un ministère unique de l'Éducation. Si la définition de la politique éducative n'était pas fortement influencée par les partenaires extérieurs, l'efficacité de ces mesures serait absolue. Mais ce n'est pas le cas, et la systématisation des tables rondes n'est pas de nature à garantir une parfaite cohésion.

---

67. Lassibille, G. et Rasera, J.-B., 1998, *Système d'information statistique sur les dépenses de l'éducation*, Manuel de référence technique, UNESCO, Paris.
68. Le système a été élaboré avec la collaboration d'équipes nationales des pays pilotes suivants : Botswana, Burkina Faso, Madagascar, Sénégal et Tchad.

On ne peut pas préconiser de mesure ciblée pour résoudre les deux autres problèmes. En ce qui concerne le premier d'entre eux – les défauts d'expression de la politique éducative –, cette mesure s'identifierait à celle qui est relative aux moyens du service de planification, si tant est que la rédaction du document de politique éducative échoie à ce service. Quant au second problème, sa résolution ne dépend que d'une prise de conscience.

Le mauvais partage du financement peut être résolu par l'adoption de principes de partage qui tiennent compte des avantages comparatifs des différentes sources de financement et des risques de défaut de financement. Nous avons examiné plus haut ce problème important ; sa résolution n'est pas aisée. Plus exactement, il n'est pas possible d'indiquer *a priori* un partage optimal dans toutes les situations. Le caractère souvent ponctuel et non pérenne des aides extérieures ajoute à la difficulté. Quelques principes peuvent néanmoins être recommandés.

Tout d'abord, il est important que le partage du financement soit consciemment organisé, qu'il ne résulte pas de contingences. A cet égard, il est préférable que cette organisation soit définitive, du moins adoptée pour toute la période du plan éducatif.Si l'aide participe au financement des dépenses de fonctionnement, il est plus difficile d'assurer les équilibres de ce financement et, par là, le bon fonctionnement du système. Si l'aide finance l'expansion du système, il y a un risque de déséquilibre entre quantité et qualité, dans la mesure où l'aide ne répond pas seulement à une demande mais a tendance à se proposer ; on sait qu'il est difficile de renoncer à une offre d'aide et le financement des charges récurrentes des investissements n'est jamais une contrainte dirimante ; par ailleurs, le financement des constructions scolaires par l'aide se traduit souvent, sinon toujours, par une hétérogénéité injustifiable de la qualité de ces constructions.

Le meilleur emploi de l'aide est par conséquent l'investissement qualitatif, immatériel. Si l'aide est destinée à financer par exemple une étude, une recherche, la mise en place d'un nouveau système de gestion du personnel ou l'élaboration de nouveaux programmes scolaires, un retard ou une défection ne sont pas préjudiciables au fonctionnement du système.

Cet emploi peut ne pas suffire à l'offre d'aide et même si le système n'est pas étendu, l'amélioration de son fonctionnement, de la qualité de l'éducation, est nécessaire. L'aide peut alors financer les dépenses du fonctionnement le plus autonome ; il peut s'agir de la formation continue du personnel, par exemple.

Dans la mesure du possible, le partage du financement doit responsabiliser les différents partenaires quant à la qualité des actions qu'ils financent pour partie. Si les manuels scolaires du primaire sont financés par diverses sources (État, parents, ONG, différentes agences d'aide), chacune sera concernée par la livraison effective dans les salles de classe des manuels qu'elle finance, mais aucune ne se sentira responsable de la disponibilité globale (ou moyenne) des manuels dans l'ensemble du pays.

Nous avons souvent parlé des manuels scolaires. C'est une question en effet remarquable : le manuel scolaire est l'un des biens les plus spécifiques à l'éducation ; son importance dans la détermination de la réussite scolaire est admise par tous ; elle est d'autant plus grande dans les pays d'Afrique subsaharienne que les écrits y sont rares ; or, bien que les manuels soient relativement peu coûteux, leur disponibilité reste aujourd'hui encore très faible. Comme nous l'avons dit et expliqué à plusieurs reprises, et contrairement à une idée commune, il est inopportun dans les pays d'Afrique subsaharienne de confier le financement des manuels aux ménages. Par ailleurs, la pauvreté des budgets nationaux de fonctionnement (hors personnel) est telle qu'elle ne laisse que peu de marge de manœuvre dans les réallocations internes. En revanche, le problème serait probablement résolu si un bailleur important, voire un collectif de quelques bailleurs, acceptait de prendre l'entière responsabilité de la disponibilité dans les salles de classe des manuels du primaire ; ce bailleur, ou ce collectif, pourrait éventuellement se consacrer uniquement à cette tâche.

A cet égard, une spécialisation plus étroite de l'aide constituerait une sorte de substitut acceptable au guichet unique. Une telle spécialisation donnerait certainement plus de force à l'engagement des bailleurs, elle réduirait sensiblement les problèmes de coordination et rendrait plus facile la connaissance de l'aide. Moins exigeante que le guichet unique, elle n'en constitue pas pour autant une solution facile à mettre en œuvre : toutes les actions n'ont pas la même visibilité et le financement de certaines d'entre elles peut être jugé peu valorisant par certains bailleurs.

Les inconvénients du défaut de garantie du financement des ménages peuvent précisément être atténués par un partage judicieux du financement. Si les ménages financent, avec les communautés et les collectivités locales, les constructions scolaires et l'entretien des bâtiments, leur défection éventuelle affecte peu le fonctionnement du système et, notamment, la qualité de l'éducation. En revanche, nous avons vu qu'il n'était pas opportun de leur confier le financement des manuels scolaires. Pour les mêmes raisons, on pourrait également mettre en doute le bien-fondé de leur financement des fournitures scolaires individuelles. Toutefois, compte tenu de la difficulté d'une solution alternative – la gestion des fournitures au niveau central serait très difficile –, ce financement peut être maintenu ; mais il serait bon de prévoir un système dans les écoles permettant de combler d'éventuels manques.

Qu'il s'agisse des manuels ou des fournitures scolaires, individuelles ou collectives, il importe que l'organisation du financement garantisse la disponibilité que requièrent les programmes scolaires et les méthodes didactiques. Les performances médiocres des systèmes éducatifs africains ont diverses causes ; les objectifs et les stratégies peuvent être mauvais, les choix technologiques, inappropriés, mais les dysfonctionnements des systèmes sont d'une autre nature ; ils renvoient à des incohérences non souhaitées : soit le fonctionnement[69] est insuffisamment défini, et de la place laissée au hasard résultent ces dysfonctionnements, soit il l'est suffisamment mais la mise en œuvre du projet qu'il représente est défaillante. Les défauts de l'organisation du financement et de son mauvais partage font partie des principales causes.

Si l'adoption de principes de partage du financement entre toutes les sources de financement n'est pas chose aisée, notamment du fait des caractéristiques de l'aide extérieure, il nous semble en revanche plus facile de mieux cibler le financement des ménages.

Les problèmes 11, 12 et 13 sont liés à l'existence de projets. La coordination des projets peut être bien sûr améliorée par la concertation. A vrai dire, le problème n'existe qu'en raison des défauts de la planification et de la programmation, et nous pouvons voir dans le tableau 3 que la solution de nombreux problèmes facilite sa résolution et que l'adoption d'un véritable guichet unique le rendrait caduc.

La définition des programmes, l'articulation entre les changements et l'existant est un problème en raison de l'existence de projets trop autonomes et donc difficilement intégrables dans la programmation. Si l'on ne renonce pas tout à fait à l'approche-projet – ce que l'on

---

69. Celui de l'école primaire par exemple : définition des programmes, méthodes didactiques, organisation administrative.

appelle approche-programme n'est bien souvent qu'un déguisement de l'approche-projet –, cette définition est un problème technique dont la solution n'est pas simple : elle requiert des capacités d'analyse et une connaissance précise des projets. Le renforcement des compétences du service chargé de la planification (dont nous avons fait un problème particulier) et une meilleure budgétisation de l'aide extérieure seraient donc de nature à simplifier ce problème. On peut toutefois recommander qu'une plus grande attention soit portée sur la définition des programmes, de manière à ce qu'ils fassent clairement les parts respectives des changements et de l'existant en intégrant la totalité des financements. De la même manière, on peut recommander une attention identique au problème des charges récurrentes et à l'amélioration de la qualité des projets.

L'exécution partielle des budgets ainsi que leurs délais d'exécution trop longs peuvent être en partie résolus par un allégement des procédures de contrôle et par une extension et un renforcement des systèmes de stabilisation des recettes d'exportation.

L'allégement des procédures de contrôle pourrait notamment concerner le contrôle en cours d'exécution ; ce contrôle ralentit parfois notablement l'exécution des budgets, parfois de manière rédhibitoire ; il est d'autant plus dommageable que le système de caisse d'avance est peu pratiqué. Cet allégement peut consister à simplifier les procédures, voire à supprimer le contrôle, du moins pour une partie des dépenses. La séparation des ordonnateurs et des comptables est certes importante pour valider le contrôle, mais ne pourrait-on pas imaginer de la limiter à certaines catégories de dépenses et d'engager la responsabilité personnelle de l'ordonnateur pour les autres catégories ? Si l'on renonce à supprimer tout contrôle, ils devraient au moins être effectués par un comptable placé dans le ministère de l'Éducation, comme cela est le cas dans certains pays.

L'aide destinée à compenser les pertes de recettes à l'exportation permet de réduire les fluctuations trop importantes des recettes budgétaires ; ces fluctuations peuvent être à l'origine de l'exécution partielle des budgets. Le Stabex permet de compenser par des aides financières directes (il s'agit, depuis 1990, exclusivement de dons) les pertes de recettes imputables aux fluctuations de prix ou de quantité des produits agricoles exportés vers les États membres de l'Union européenne[70]. Les ressources

---

70. Cette aide financière concerne principalement une dizaine de produits : café, cacao, coton, thé, arachide, oléagineux et banane.

consacrées au Stabex sont jugées insuffisantes (de fait, ces aides ne bénéficient qu'à une demi-douzaine de grands pays exportateurs[71]) ; l'amélioration du système et son extension sont envisagées[72].

Le recouvrement des droits de scolarité et des autres contributions collectives des ménages peut être amélioré par l'adoption de mesures plus contraignantes. L'efficacité de telles mesures est toutefois très relative et leur adoption, difficile.

L'insuffisance des moyens humains et matériels du service de planification peut être l'une des causes d'un bon nombre des problèmes dont nous venons d'analyser les solutions. Nous aurions pu la considérer comme l'une des origines des problèmes présentées dans le schéma 2. Toutefois, dans la mesure où elle a un caractère moins général que celles-là et dans la mesure où elle est probablement la cause de problèmes que nous n'avons pas traités, nous avons préféré la considérer comme un problème spécifique.

L'insuffisance des moyens humains est plus grave que celle des moyens matériels. Cette insuffisance est essentiellement qualitative – comment assurer, à cet égard, le meilleur recrutement des cadres ? On peut tout d'abord éviter un recrutement conformiste des cadres dans les corps d'enseignement et d'inspection. Cela serait toutefois insuffisant si les conditions d'emploi offertes ne changent pas.

Le niveau des salaires est plus faible dans la fonction publique que dans le privé, du moins pour les cadres supérieurs qui constituent la catégorie de personnel pour laquelle le problème de compétences présente l'enjeu le plus important. Bien que l'infériorité du niveau de salaire dans la fonction publique soit en partie compensée par la stabilité de l'emploi, les meilleurs cadres supérieurs sont plus attirés par le secteur privé national ou par le secteur international[73] que par la fonction publique ; si c'est discutable en ce qui concerne le secteur privé national, c'est incontestable en ce qui concerne le secteur international.

Les écarts de salaire sont-ils justifiés[74] ? La réponse à cette question demanderait de longues explications et devrait être nuancée selon

---

71. Le Cameroun, la Côte-d'Ivoire, l'Éthiopie, le Kenya, l'Ouganda et la Papouasie Nouvelle-Guinée.
72. Voir la réunion des ministres de l'Union européenne et de la zone Afrique Caraïbes Pacifique (ACP) du 9 février 1999.
73. Public (notamment agences de développement) ou privé.
74. En tenant compte des compensations.

les sous-catégories de personnel et selon les pays. Toutefois, on peut avancer l'argument suivant en faveur d'une augmentation des salaires d'une partie des cadres supérieurs, voire moyens, de la fonction publique : les conséquences des performances de ces cadres ont une importance qui peut être considérable et l'on a tout lieu de penser que cette importance n'est pas prise en compte, que ce soit directement – par un calcul – ou indirectement – par les lois du marché. L'élaboration d'un plan ou d'un programme de développement du système éducatif ou l'orientation des élèves, par exemple, concernent l'activité, voire la carrière professionnelle, de milliers ou de millions d'individus. Certes, il est difficile de mesurer cet impact et, surtout, d'établir une relation entre les compétences potentielles des cadres, évaluées par leurs diplômes et leurs références, et la valeur de cet impact ; du reste, c'est peut-être en partie pour cette raison qu'il n'est pas pris en compte. Mais cela ne constitue pas un argument pertinent pour renoncer à sélectionner les meilleurs en y mettant le prix.

La préconisation d'une augmentation du salaire des cadres de la fonction publique susciterait probablement une levée de boucliers, notamment de la part de la communauté internationale. La situation précaire des finances publiques serait par ailleurs invoquée pour la justifier. Pourtant, comment les agences d'aide résolvent-elles ce problème de compétences quand il les concerne directement ? Elles créent des cellules *ad hoc* de gestion de leurs projets qui leur permettent d'embaucher des cadres nationaux à leurs conditions – qui sont bien meilleures que celles de la fonction publique – ou en recrutant des consultants, nationaux ou internationaux. Les inconvénients de la « cellulite » sont connus et reconnus : l'ajout de nouvelles structures est aussi un ajout de complexité ; plus généralement, la substitution ne favorise pas la construction d'un État moderne ; les consultants nationaux, lorsqu'ils effectuent une mission qui devrait l'être par un service du ministère, peuvent se heurter à une certaine hostilité de la part des membres de ce service auxquels ils se substituent donc ; la mobilisation de consultants nationaux n'étant pas toujours aisée, l'insuffisante compétence des cadres nationaux peut justifier le recours à des consultations internationales coûteuses au regard des tâches à accomplir.

Puisque la refonte des échelles de salaires de la fonction publique est difficilement envisageable, compte tenu des contraintes budgétaires, et puisque l'aide peut difficilement financer régulièrement et directement ces salaires, ne pourrait-on pas concevoir un système de primes associées aux fonctions stratégiques du ministère et alimentées par un fonds spécial financé par l'aide extérieure ?

Il n'est pas rare que l'on déplore, ici ou là, dans tel ou tel service, une pléthore de personnel. Un recrutement excessif et vain est parfois la solution adoptée au problème de l'insuffisance des compétences. La possibilité de recruter de très bons éléments permettrait d'éviter cette inflation stérile et l'impact financier de ce recrutement serait par là même amoindri.

Dans certains pays d'Afrique subsaharienne, une augmentation du niveau de salaire des fonctionnaires ne serait pas seulement justifiée par la nécessité d'améliorer le recrutement : ce niveau a tellement diminué en termes réels dans les années 90 que la disponibilité et la motivation des fonctionnaires ont été sérieusement affectées, ce qu'illustre bien cette boutade d'un fonctionnaire mauritanien : « Les fonctionnaires font semblant de travailler et l'État semblant de les payer ».

Nous avons exprimé plus haut des réserves quant à l'efficacité des programmes de formation – programmes qui constituent souvent l'unique réponse au problème de la compétence. On peut ajouter ici que l'efficacité de ces programmes est aussi contrariée par la faiblesse des incitations au travail. La demande de formation n'en demeure pas moins : les bénéfices adjacents de la formation – au minimum, les voyages et les indemnités journalières et au maximum, un ticket d'accès à un autre emploi – pouvant suffire à motiver cette demande.

3.2 Ordre de résolution des problèmes

La réussite complète du projet éducatif exige la résolution de tous les problèmes, de la définition de la politique à l'exécution des dépenses. Cependant, la réussite peut être partielle. On peut alors se demander quels sont les problèmes dont la résolution est prioritaire. Les problèmes peuvent concerner des moments plus ou moins importants du projet éducatif ; ils peuvent être plus ou moins difficiles à résoudre ; leur résolution peut faciliter celle d'autres problèmes. Il est bien sûr difficile, forcément subjectif et approximatif d'établir une priorité des problèmes qui prenne en compte ces trois dimensions simultanément ; d'autant plus si l'on prétend le faire pour les pays d'Afrique subsaharienne dans leur ensemble.

On peut toutefois établir une priorité, non pas en considérant seulement les problèmes en tant que tels, mais en les rattachant aux différents éléments qui définissent le projet éducatif en tant qu'action, du point de vue du financement.

Nous retenons quatre éléments pour définir l'action : la définition de l'objectif, la qualité des services qui planifient et programment sa réalisation, les voies imposées à l'action (les mécanismes, les procédures par lesquels elle doit se réaliser) et les conditions de l'action (ce qui la rend plus ou moins difficile). Les problèmes que nous avons exposés peuvent être rattachés à un ou plusieurs de ces éléments. L'ordre de priorité de ces éléments que nous allons justifier est le suivant :

P1 :   Voies imposées à l'action
P2 :   Qualité des services qui planifient et programment la réalisation de l'action
P3 :   Définition de l'objectif
P4 :   Conditions de l'action

3.2.1 Les voies imposées à l'action

Il importe avant tout que l'on puisse faire ce que l'on veut faire. Pour cette raison, les voies imposées à l'action sont l'élément prioritaire. Il est en effet indispensable que ces voies permettent d'établir, *a priori* comme *a posteriori*, le lien entre la chose voulue et la chose faite. L'imperfection des autres éléments n'est quant à elle pas rédhibitoire en tant que telle.

Les problèmes qui peuvent être rattachés à cet élément – voies imposées à l'action – sont les suivants :
- Non-articulation entre les programmes et les budgets (16)
- Lettre de cadrage (19)
- Absence de règles donnant un enjeu aux négociations (22)
- Problèmes de nomenclature (18)
- Attribution de la préparation budgétaire à un service non compétent (21)
- Phase unique d'ajustement des propositions budgétaires (20)
- Cohérence des dispositifs de planification (9)
- Différence entre l'année scolaire et l'année budgétaire (29)
- Exécution partielle des budgets (27)
- Délais d'exécution des budgets trop longs (28)

Hormis les deux derniers points qui concernent par ailleurs les conditions de l'action (P4), tous ces problèmes peuvent être résolus par une ou plusieurs actions à l'efficacité absolue et, à une exception près, ont leur origine dans ce que nous avons appelé l'héritage.

Si l'on considère à la fois la simplicité de leur résolution et leur impact potentiel individuel sur la cohérence du projet éducatif, cette résolution apparaît d'autant plus prioritaire. Nous n'ignorons pas cependant que la décision de les résoudre ne va pas pour autant de soi : dans la plupart des cas, elle incombe au gouvernement, implique le ministère des Finances et ne concerne pas uniquement le ministère de l'Éducation ; le gouvernement doit donc être convaincu de son utilité.

Par ailleurs, les effets synergiques des résolutions de ces problèmes sont forts : on peut facilement imaginer l'impact potentiel qu'aurait la résolution des six premiers problèmes sur la cohérence du projet éducatif en ce qui concerne les phases de programmation et de budgétisation. Certains problèmes sont à cet égard plus importants que d'autres : si l'on ne résout pas celui de l'articulation entre les programmes et les budgets (intégration formelle du programme dans la préparation budgétaire), l'impact de la résolution des autres problèmes sera très faible.

Les deux derniers problèmes, relatifs à l'exécution des budgets, sont plus difficiles à résoudre. Si leur résolution demande l'adoption de mesures qui relèvent des voies imposées à l'action, elle dépend également de conditions exogènes, et à ce titre concerne le groupe P4.

Lorsqu'ils existent, ce qui n'est heureusement pas trop fréquent, ces problèmes peuvent être rédhibitoires – tout est fonction de leur gravité. L'allégement des procédures de contrôle budgétaire peut réduire sensiblement cette gravité.

3.2.2 La qualité des services qui planifient et programment l'action

Nous plaçons la qualité des services qui planifient et programment l'action en deuxième position dans l'ordre de priorité pour trois raisons : de cette qualité dépend l'utilité des mécanismes et des procédures qui relèvent de l'élément précédent ; elle améliore la maîtrise de la plupart des difficultés liées aux conditions de l'action (P4) – difficultés dont la levée, difficile, échappe à la volonté nationale – ; et elle peut corriger ou atténuer les défauts de la définition de l'objectif (P3).

Deux problèmes peuvent être rattachés à ce groupe P2 :
- Position institutionnelle et hiérarchique de la planification (6)
- Insuffisance des moyens humains et matériels du service de planification (5)

Si le personnel chargé de la planification est compétent et motivé, s'il dispose à la fois d'une bonne position institutionnelle et de moyens matériels suffisants, les mécanismes et procédures qui permettent une bonne articulation entre programmes et budgets, un bon contrôle de l'exécution des dépenses et qui donnent une incitation à une conception de programmes de qualité, révéleront leur utilité ; la complexité de la planification impliquée par l'existence, par ailleurs incontournable, de l'aide sera mieux maîtrisée ; les défauts d'expression de la politique éducative pourront être corrigés par une instruction plus pertinente et plus critique, des dossiers.

3.2.3 Définition de l'objectif

D'aucuns pourraient être surpris de trouver en troisième position la définition de l'objectif alors qu'elle est l'objet de la première phase du projet éducatif. En fait, une définition imparfaite de l'objectif n'est pas rédhibitoire : elle ne fait que compliquer l'exercice ultérieur de planification-programmation sans le rendre impossible ; à l'opposé, l'amélioration des voies imposées à l'action et de la qualité des services qui planifient et programment la réalisation de l'action contribue à une meilleure définition de l'objectif.

Nous plaçons la définition de l'objectif avant les conditions de l'action parce que ces dernières échappent en grande partie à la volonté nationale, soit qu'elles tiennent à l'aide extérieure, soit qu'elles relèvent d'un environnement national sur lequel le gouvernement a peu de prise.

Les problèmes qui concernent la définition de l'objectif sont les suivants :
- Cohésion de la définition de la politique éducative (1)
- Défauts d'expression de la politique éducative (2)
- Déni des contraintes (3)
- Mauvais partage du financement (4)

Nous ne considérons pas le partage du financement comme une condition de l'action (P4) dans la mesure où il nous apparaît, du point de vue du financement, comme un élément qui fait partie intégrante de l'objectif.

3.3.4 Conditions de l'action

Au sein de ce groupe de problèmes, on peut tout d'abord distinguer ceux qui sont relatifs à l'aide extérieure. Si ces problèmes sont ainsi placés dans le dernier groupe en dépit de leur importance évidente en termes d'impact sur le financement et le projet éducatif, c'est d'abord parce qu'ils échappent en grande partie à la décision nationale ; c'est ensuite parce qu'ils seront d'autant plus facilement abordés que les autres problèmes auront été, sinon résolus, du moins considérés.

- Absence de guichet unique (10)
- Nature de l'engagement des bailleurs de fonds (15)
- Horizon des programmes (14)
- Budgétisation opaque de l'aide extérieure (23)
- Conception des projets à l'insu du service de planification (7)
- Mauvaise connaissance de l'aide extérieure (8)
- Coordination des projets (11)
- Définition des programmes, articulation entre les changements et l'existant (12)
- Problèmes des charges récurrentes (13)

Ce groupe comprend également des problèmes dont les origines sont nationales. Ils constituent des conditions défavorables à l'exécution du projet éducatif et sont d'autant plus difficiles à résoudre que leurs origines sont intrinsèques au sous-développement et qu'ils ne relèvent pas uniquement d'une action politique ou technique. Rappelons que les problèmes relatifs à l'exécution des budgets sont considérés ici en référence à leurs causes exogènes (crise économique, aléas climatiques, etc.) et non dans leur seule dimension technique (pour laquelle ils ont été classés dans le groupe P1).

- Recouvrement des droits de scolarité, autres contributions collectives des ménages (26)
- Mauvaise appréciation des capacités financières des partenaires nationaux (17)
- Mauvaise connaissance des dépenses des partenaires nationaux (24)
- Défaut de garantie du financement des ménages (25)
- Exécution partielle des budgets (27)
- Délais d'exécution trop longs (28)

3.3 Généralisation

Les problèmes que nous avons identifiés ne sont pas de simples symptômes qui ne feraient que révéler l'état de sous-développement, et leur résolution est au minimum une condition *sine qua non* de la cohérence du projet éducatif. Cependant, nous avons probablement omis certains problèmes et la chaîne qui relie la définition de la politique éducative à l'exécution des dépenses comporte de nombreux maillons. Or, la solidité d'une chaîne n'est jamais que celle de son maillon le plus faible. L'observation des prescriptions précédentes pourrait se révéler être insuffisante. Il convient donc de généraliser la résolution des problèmes.

On peut tout d'abord se demander si les dysfonctionnements des systèmes éducatifs africains, et notamment ceux qui nous intéressent ici, sont une fatalité. Ne peut-on imaginer que les recommandations de résolution des problèmes identifiés soient inéluctablement rendues dérisoires par la situation générale de sous-développement, soit que de nouveaux problèmes surgissent après la résolution des premiers, rendant la résolution de ceux-ci dérisoires, soit que l'observation même des recommandations soit contrariée par cette situation générale ? Est-il possible qu'un système éducatif fonctionne correctement dans un environnement de sous-développement ?

Une réponse négative à ces questions n'implique pas que le développement soit impossible, mais qu'il doit passer par d'autres voies que celle de l'amélioration du fonctionnement de ce système, voire y compris par la rationalisation des dépenses qui lui sont consacrées. Toutefois, nous pensons que l'amélioration de ce fonctionnement est précisément une condition importante de possibilité de cette rationalisation. Par ailleurs, croire à l'impossibilité de cette amélioration, ou la juger vaine, relèverait d'une posture idéologique qui dénierait aux décideurs et aux planificateurs tout pouvoir de changement.

Si donc l'amélioration est possible, du moins si l'on veut croire qu'elle l'est, elle requiert des conditions ou des attitudes qui ne font pas partie d'une liste de résolutions de problèmes ponctuels.

Il importe en premier lieu que le problème du financement soit abordé globalement. Il ne s'agit pas de résoudre certains problèmes choisis sur une liste en fonction des circonstances. La résolution des problèmes doit être intégrée dans un plan dont l'objectif final est d'établir la cohérence du projet éducatif, du point de vue du financement. De nombreux projets, financés notamment par l'aide, concernent le renforcement institutionnel des ministères de l'Éducation. Ces projets sont souvent, sinon toujours, focalisés sur certaines faiblesses particulières et n'appréhendent pas le problème du financement dans sa globalité. Leur localisation ne leur permet pas notamment de prendre en considération les problèmes dont l'origine est extérieure au ministère de l'Éducation ; nous avons vu que certains d'entre eux, parmi les plus importants, concernaient les ministères centraux, voire le gouvernement. Un projet destiné à résoudre les problèmes de financement de l'éducation devrait impliquer d'emblée ces ministères centraux. Plutôt que de la cantonner dans une phase d'identification, l'analyse de ces problèmes devrait constituer le premier objectif du projet. Elle consisterait à observer, comme nous l'avons fait d'une manière générale, les différentes phases de l'élaboration du projet éducatif, de la définition de la politique jusqu'à l'exécution des dépenses. Très concrètement, il est possible par exemple d'évaluer les différents documents dans lesquels sont consignées ces phases (document de politique sectorielle, plan, programme, projet de budget, budget voté, budget exécuté) et d'identifier les défauts de leur enchaînement : écarts, distorsions, incohérences.

La fonction de pilotage du système éducatif doit être renforcée. Cela passe bien sûr par la résolution des problèmes que nous avons traités et qui concernent le service de planification (sa position institutionnelle, ses moyens matériels et humains). Mais, plus généralement, qu'elle incombe ou non au service de planification, la fonction de pilotage doit être renforcée ou tout simplement créée – il n'est pas rare en effet qu'elle n'existe pas, le service de planification se contentant d'effectuer des tâches subalternes, et le secrétariat général ou la direction générale ne veillant qu'au fonctionnement courant du système.

Il convient également d'éviter les solutions palliatives auxquelles conduit une évaluation trop superficielle des problèmes. Très souvent, face à un problème de coordination, le réflexe est de créer une nouvelle structure, qui ajoute à la complexité du système et dont l'efficacité est compromise par les mêmes maux que ceux qui compromettent celle des structures existantes ; face à un problème d'information (connaissance des capacités financières ou des dépenses de telle source de financement), le réflexe est d'effectuer une étude ponctuelle dont l'efficacité est éphémère ; face à un problème de compétence, le réflexe est d'envoyer les agents concernés en formation – formation qui, si elle n'est pas une formation continue au sens strict, c'est-à-dire une mise à jour ou un recyclage, constitue une compensation aléatoire des insuffisances du système de recrutement.

Chapitre 4. Politique éducative et financement

Comme nous l'avons vu en introduction, on peut opposer dans le débat sur l'efficacité des politiques éducatives deux courants principaux qui se distinguent en particulier par le rôle qu'ils attribuent au financement : pour les uns, c'est d'abord la maîtrise du financement et de ses techniques qui conditionne l'amélioration des politiques éducatives ; pour les autres, cette amélioration est surtout liée à la découverte de modes d'organisation davantage coût-efficaces. En forçant le trait, on peut dire que, pour les premiers, l'amélioration des politiques éducatives nécessite la formation ou le recrutement de spécialistes de la gestion financière tandis que, pour les seconds, elle nécessite la formation ou le recrutement de spécialistes de la planification et de l'évaluation des systèmes éducatifs.

Ce débat a animé les discussions préalables à la constitution du groupe de travail de l'ADEA sur les finances et l'éducation, et nous nous devons ici, sinon de le trancher, au moins de le clarifier.

Nous nous sommes intéressés dans les trois premiers chapitres à ce qui constitue la préoccupation du premier courant, sans toutefois nous limiter aux seules procédures financières. Par ailleurs, nous avons recherché les causes et les solutions des problèmes de financement. Cependant, nous avons partiellement rejoint l'autre courant, au travers de l'idée que la recherche d'un financement efficace s'inscrit de manière indissociable dans un ensemble de pratiques qui visent d'une manière plus générale la maîtrise des étapes de la politique éducative et la recherche d'une cohérence d'ensemble de sa gestion. L'analyse du financement doit également se placer dans le cadre plus large de la politique éducative au sein de laquelle le financement prend un sens en interaction avec l'ensemble des étapes qui la définissent : les « besoins » en matière de financement sont évidemment liés aux objectifs poursuivis ; ils le sont tout autant aux choix effectués en matière d'organisation concrète du système d'enseignement.

Les travaux comparatifs qui concernent l'efficacité des systèmes de formation sont de ce point de vue particulièrement éclairants[75]. Ils montrent que des résultats très variables sont obtenus d'un pays à l'autre, tant au plan quantitatif (taux de scolarisation) qu'au plan qualitatif (qualité des apprentissages, satisfaction des besoins de l'économie) pour des niveaux de financement relativement comparables. Ils soulignent également la faiblesse de la relation observée entre niveau de dépenses et performances des systèmes éducatifs. Ces résultats, loin de nier tout intérêt à une analyse spécifique et indépendante du financement, en révèlent cependant les limites.

La faiblesse de la relation « moyens-produits » observée au sein des systèmes éducatifs renvoie en grande partie à l'absence d'un mécanisme de justification des choix qui permettrait la sélection de politiques éducatives efficaces. De fait, les objectifs et les modes d'organisation étant fixés, la gestion de la politique éducative se limite trop souvent à une gestion par les moyens qui fait du financement, et en particulier de la mobilisation de ressources nouvelles, le seul moteur du développement du système. Un meilleur pilotage des politiques éducatives, axé davantage sur les résultats, modifie sensiblement le rôle que pourrait y tenir le financement et en accroît l'efficacité :

- la recherche de politiques davantage coût-efficaces modifie les conceptions traditionnelles de la planification et du financement, car elle conduit à une intégration plus forte des deux activités. Avant même d'évoquer directement les avantages financiers que procure la mise en œuvre de politiques davantage coût-efficaces, on peut en effet noter que cette pratique présente un avantage heuristique dans la mesure où elle contraint à confronter des points de vue concernant l'efficacité et les coûts et où elle s'inscrit dans une logique de justification à deux niveaux : celui des actions entreprises ou celui des actions à entreprendre ;

- sur le plan financier cette fois, et de manière plus triviale, l'adoption de politiques davantage coût-efficaces redonne tout son sens à la gestion du financement. En réduisant la contrainte financière globale, elle permet de mieux utiliser les différentes facettes du financement dans le sens de la politique poursuivie (rechercher, par exemple, les

---

[75]. Jarousse, J.-P. et Mingat, A. (1992), « La formation du capital humain : gestion par le marché ou gestion par l'État », *Revue économique*, vol. 43, n° 4 ; Jarousse, J.-P. (1995), « Efficacité externe des systèmes éducatifs et évaluation par les résultats », *Éducation et recherche*, numéro spécial : « Acquis et perspectives de l'économie de l'éducation », université de Genève.

solutions les plus équitables lorsque l'équité est un objectif de la politique engagée, responsabiliser les usagers, etc.). Elle permet enfin de tirer le meilleur profit pour le système des ressources effectivement mobilisées.

Cela dit, cette recherche des politiques coût-efficaces et le passage d'une gestion de la politique éducative par les moyens à une gestion davantage fondée sur les résultats constituent un véritable défi : défi culturel d'abord, car cela implique un changement d'attitude des gestionnaires et des dirigeants dans le sens d'un plus grand pragmatisme ; défi technique ensuite, car l'éducation et, plus largement, la politique éducative, sont *a priori* rebelles aux techniques de gestion coûts-avantages dérivées des analyses économiques de la production.

Au-delà de ces difficultés culturelles et techniques, l'idée qu'il puisse y avoir des lois universelles et pérennes en matière d'organisation éducative est une idée naïve. Découvrirait-on des lois, elles seraient *ipso facto* exposées à devenir caduques, du fait même de cette découverte. Car l'éducation est un phénomène social. La découverte d'une loi sociale est une prise de conscience de rapports sociaux jusque-là inconscients. Cette prise de conscience est alors propre à modifier les comportements, les rapports sociaux et donc les lois sociales. De ce fait, ces lois sont en outre relatives au temps et à l'espace. Cela ne signifie pas que la recherche de ces lois soit vaine, mais cela discrédite une méthode de recherche qui en présuppose le caractère objectif et universel.

Les recommandations fondées sur des synthèses[76] d'estimations de fonctions de productions scolaires observées dans différents pays participent de cette méthode. Leur caractère erroné se ressent dans l'embarras que provoquent les réflexions suivantes.

Les estimations sont disparates selon les pays – prenons un seul exemple : l'efficacité des classes multigrades. Elles seront efficaces dans un pays donné, mais pas dans un autre. Soit l'on ne donne à la moyenne qu'une valeur probabiliste, soit on lui confère la valeur d'une loi (en dépit de certaines dénégations, c'est bien cette dernière position qui est adoptée ; mais nous n'en discuterons pas ici). Si la moyenne n'a qu'une valeur probabiliste, son intérêt est nul : pourquoi se référer à cette moyenne pour un pays pour lequel on ne disposerait pas d'estimation

---

[76]. Hanushek, E.A. (1997), "Assessing the Effects of School Resources on Student Performance: An Update", *Educational Evaluation and Policy Analysis*, été, vol. 19, n° 2, pp. 141-64 ; Banque mondiale (1995), *Priorités et stratégies pour l'éducation – Une étude de la Banque mondiale*, Washington, D.C.

plutôt que d'en effectuer une ? Le coût d'une estimation est en effet dérisoire en regard des conséquences, même éventuelles, d'une politique inappropriée. Si la moyenne a valeur de loi (ou est prétendue approcher une loi), quelle politique adopter dans un pays où l'estimation diffère de la moyenne ? L'écart par rapport à la moyenne est alors assimilable à une erreur de mesure (sinon, la moyenne ne serait qu'un simple rapport arithmétique, comme la taille moyenne des habitants d'une région par exemple, et il ne s'agirait pas d'une loi). Mais cette « erreur de mesure », considérée telle d'un point de vue méthodologique, n'en est une qu'en référence à un prétendu modèle qui n'est qu'une addition (plus ou moins sophistiquée) de facteurs choisis arbitrairement. Dans la réalité, le facteur particulier au pays concerné qui explique cet écart n'est pas moins digne d'intérêt que les autres facteurs[77].

Ce qui vient d'être dit pour les comparaisons internationales est valable pour les comparaisons d'estimations effectuées, à différents moments ou sur différents groupes, dans un même pays.

Toutefois, les comparaisons nationales ou internationales ne sont pas pour autant dénuées de tout intérêt. Celui-ci réside dans la stimulation des expériences, dans l'incitation à remettre en cause certains dogmes ou certaines habitudes. Par ailleurs, la recherche des déterminants des performances scolaires, aussi relative soit-elle, à des contextes toujours singuliers, n'est pas inutile si elle s'intègre au fonctionnement régulier du système.

Les sections suivantes vont s'intéresser à cette intégration de l'évaluation et à cette évaluation interne.

La définition de l'efficacité de l'éducation est en elle-même relativement complexe et nécessite au minimum de distinguer un niveau technique intermédiaire, concernant la qualité des apprentissages (efficacité interne), et un niveau final (efficacité externe), qui fait directement référence aux objectifs globaux assignés au système éducatif (accès à l'emploi, intégration sociale, développement, etc.). Les « produits » qui pourraient permettre de mesurer ces différents niveaux d'efficacité sont difficilement mesurables, en particulier au plan qualitatif. Les objectifs de la « production » eux-mêmes (la politique éducative) ne sont pas

---

[77] Au Maroc, on a observé que les classes multigrades étaient inefficaces parce que les enseignants n'étaient pas formés pour en tirer partie. En déduire que les classes multigrades sont efficaces, dans l'absolu et sous certaines conditions, serait arbitraire.

toujours évidents ni clairement identifiables ; ils peuvent en outre être contradictoires. On notera enfin que la « technologie de production », qui conditionne le choix des modes d'organisation, est mal connue et, surtout, que le financement interagit souvent avec la « production » aussi bien en ce qui concerne l'efficacité interne que l'efficacité externe.

La gestion d'ensemble de la politique éducative se présente ainsi comme une activité complexe. Dans ce contexte et dans la recherche d'une plus grande efficacité, le fait de privilégier l'une ou l'autre de ces étapes (le financement par opposition aux choix d'organisation notamment) s'apparente à une thérapie locale qui, dans de nombreux cas, ne pourra permettre d'atteindre la guérison. De notre point de vue, il importe au contraire de se situer dans une perspective globale, de tendre vers la maîtrise des différentes étapes de la politique, y compris le financement. Cet élargissement de la perspective suppose un détour, qui nous éloignera temporairement de la seule question du financement, dont l'objet est à la fois d'expliciter la manière dont on peut reconstruire les différentes étapes de la politique éducative, de discuter la question de son efficacité et de préciser les activités à mettre en œuvre pour améliorer la cohérence de l'ensemble. On pourra ensuite réfléchir à la place particulière qu'y tient le financement et aux relations qu'il entretient avec les autres éléments.

4.1 Représentation simplifiée de la gestion d'un projet

Nous envisagerons ici la politique éducative comme un projet particulier. Tout projet se définit classiquement par un ou plusieurs objectifs, un cahier des charges qui précise ce que l'on souhaite effectivement entreprendre, la mise en œuvre d'actions et d'activités destinées à atteindre ces objectifs et l'obtention de résultats dont il importe d'examiner *a posteriori* la conformité aux objectifs initiaux. Pour simplifier l'analyse, on considérera à cette étape que la question des ressources nécessaires à la réalisation du projet est résolue, la contrainte de financement étant ici réduite à la recherche des solutions techniques les plus coût-efficaces à la réalisation du projet.

Pour clarifier la présentation de ces différentes étapes, on se référera dans un premier temps à un projet sans rapport avec l'éducation. Nous considérerons une politique visant à désenclaver une ville pour améliorer son développement économique.

L'objectif général étant fixé, l'élaboration du cahier des charges va permettre de préciser des objectifs plus opérationnels (ouverture et amélioration des voies de communication par exemple) en s'appuyant sur les connaissances existantes dans ce domaine. Ces connaissances concernent à la fois les solutions alternatives à mettre en œuvre (routes, chemin de fer, aménagement des fleuves, etc.) et leurs principales caractéristiques techniques et financières. Elles proviennent d'analyses théoriques et techniques, d'expérimentations préalables, d'expériences étrangères, etc. La définition du cahier des charges permet de préciser les bases techniques sur lesquelles seront élaborées les offres des entreprises concurrentes pour la réalisation du projet. La sélection des entreprises se fera après confrontation des offres, chacune d'elles pouvant apporter, dans le cadre du cahier des charges, des solutions plus intéressantes sur un plan technique ou sur le plan des coûts.

La phase suivante est une phase de mise en œuvre. L'entreprise sélectionnée réalise les travaux prévus dans sa proposition et le donneur d'ordre assure éventuellement un contrôle de conformité technique. L'observation des résultats est essentielle à l'appréciation de l'efficacité de la politique.

A un premier niveau d'analyse, en considérant le trafic qui s'observe effectivement sur les nouvelles voies de communication, on pourra apprécier l'efficacité interne du projet, efficacité d'ordre technique, et examiner en particulier si elle correspond aux attentes exprimées lors de l'élaboration du cahier des charges. Il est possible de dire, par exemple, si l'on a eu raison ou tort de préférer le rail à la route sur la base d'indicateurs relativement objectifs (coût du tonnage transporté, évolution du trafic, etc.). Ces résultats pourront à leur tour servir de base à une réflexion ultérieure dans le cadre d'une poursuite du projet ou de la réalisation d'un projet du même type.

A un second niveau d'analyse, ces résultats ne sont cependant pas décisifs pour apprécier l'efficacité du projet dans son ensemble. Celle-ci dépend en effet de l'impact des nouvelles voies de communication sur le développement de la ville, qui constituait l'objectif initial. On parlera alors d'efficacité externe, finale, par opposition à l'efficacité interne, technique, considérée précédemment.

Dans la gestion globale du projet, une faible efficacité externe conduit à mettre en cause chacune des différentes étapes précédentes : la mise en œuvre, qui a pu s'écarter du cahier des charges ; le cahier des charges lui-même, éventuellement basé sur des hypothèses de production qui se sont révélées fausses ; l'objectif lui-même, le développement de la ville étant moins sensible à l'amélioration des voies de communication qu'on ne le supposait initialement. Dans ce dernier cas, une faible efficacité externe n'exclut pas une efficacité interne élevée, dans la mesure où celle-ci dépend seulement de la qualité des hypothèses techniques élaborées dans le cahier des charges. L'examen de l'efficacité externe, après contrôle de la mise en œuvre, a donc pour seule vocation de tester la pertinence des choix effectués en matière de technologie et d'organisation de la production.

Ces deux dimensions de l'efficacité du projet sont ainsi à la fois clairement hiérarchisées et complémentaires. Leur appréciation relève de l'évaluation, c'est-à-dire de la mise en perspective des résultats obtenus et des objectifs initiaux ; elle s'oppose au contrôle, qui correspond à l'examen de conformité entre les activités entreprises et les activités prévues (au cours de la phase de mise en œuvre par exemple).

La démarche de projet illustrée ici ne garantit pas la fiabilité de tous les projets. Elle a cependant une dimension heuristique, car elle permet d'accumuler des connaissances qui seront utiles à la poursuite de la politique tant au niveau global qu'au niveau de la sélection des réponses techniques les plus adaptées. Elle est éminemment technocratique, mais les décisions politiques finales, au-delà de la fiabilité technique du dossier, pourront très légitimement intégrer d'autres dimensions[78].

Globalement, le suivi de ce type de procédure, et en particulier l'organisation d'appels d'offre mettant en concurrence les fournisseurs potentiels, améliore la gestion des projets et des politiques en facilitant la sélection des actions les plus coût-efficaces et un retour sur les objectifs initialement poursuivis.

---

78. Pour rester dans le domaine des transports, on peut illustrer ce point en indiquant qu'en France, même si le train à grande vitesse ne constitue pas dans toutes les circonstances le moyen le plus « coût-efficace » pour relier entre elles les métropoles régionales, le développement du réseau TGV est décidé sur la base de considérations plus générales (prestige, maintien de l'emploi national, souveraineté, équité dans le « traitement » des différentes villes, etc.).

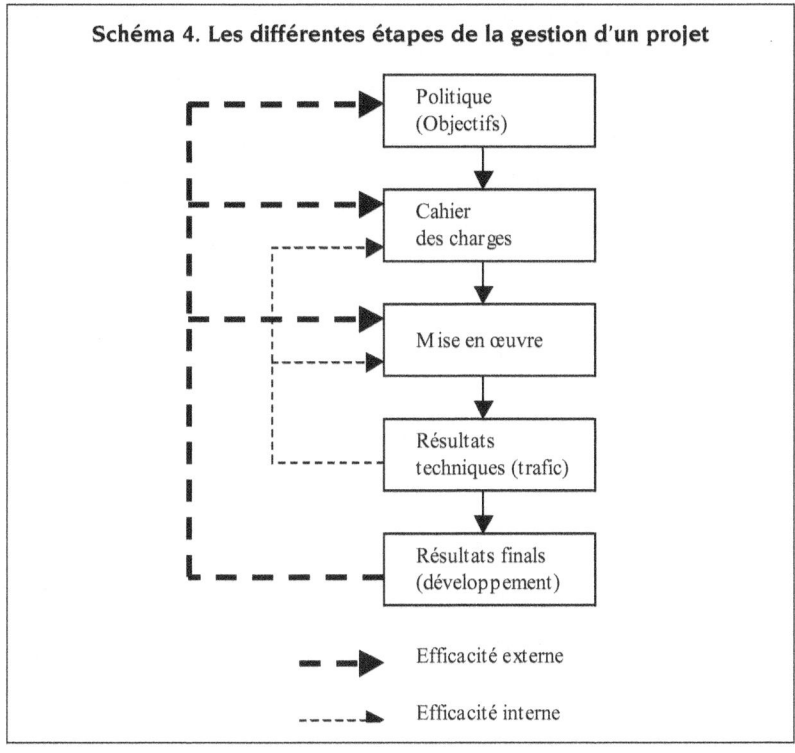

Rien de tel ne s'observe en matière de politiques éducatives. Les estimations de fonctions de production scolaire effectuées dans de nombreux pays ont souvent mis en évidence une relation assez faible entre les ressources affectées aux écoles et leurs performances. Le graphique I illustre approximativement la forme de cette relation empirique. Les croix représentent un couple ressources-performances associé à chaque école et la courbe, une frontière d'efficience, soit le lieu où l'efficience est optimale. La grande dispersion des croix dans l'aire située au-dessous de la courbe révèle la faiblesse de la relation ressources-performances[79].

Les performances dont il s'agit sont d'ordre qualitatif (résultats à des tests d'aptitude, carrière des diplômés). On observe également des

---

[79]. Voir par exemple, Jarousse, J.-P. et Mingat A. (1993), L'école primaire en Afrique, Paris, L'Harmattan ; Burtless, G. (dir. pub.) (1996), Does Money Matter? The Link Between Schools, Student Achievement, and Adult Success, Whashington D.C., Brookings.

différences de performances quantitatives (taux de scolarisation, durée moyenne d'études) entre des pays d'un même niveau de développement, qui ne sont pas expliquées par des différences de ressources allouées au système éducatif.

Il faut noter que ce phénomène s'observe aussi bien dans les pays en développement que dans les pays développés. Le problème de l'efficience dans l'utilisation des ressources allouées aux systèmes éducatifs n'est pas un problème spécifique aux pays en développement[80].

Ces résultats vont à l'encontre de l'opinion commune selon laquelle le développement des systèmes éducatifs, tant en quantité qu'en qualité, est uniquement conditionné par la disponibilité de ressources supplémentaires. Surtout, ils témoignent de la grande variété des politiques suivies et des modes d'organisation. Les objectifs fondamentaux fixés par les États au développement de leur système de formation étant relativement communs (intégration économique et sociale des citoyens, croissance économique, etc.), on peut s'étonner de cette diversité – qui s'observe même à l'intérieur de groupes de pays très proches en termes de développement politique, économique et social. Elle renvoie en grande partie à l'absence de mécanismes et de procédures de choix comparables à ceux qui sont décrits dans les paragraphes précédents. Il y a à cela des raisons d'ordre « technique » et des raisons d'ordre « culturel », que nous examinerons successivement dans la section suivante.

Ajoutons que la faiblesse de la relation observée entre les ressources et les performances ne signifie pas, paradoxalement, que les ressources soient de peu d'importance et qu'il suffirait d'avoir le souci de dépenser le moins possible. En effet, la relation est observée : si tous les systèmes éducatifs ou toutes les écoles d'un même pays étaient efficientes, leurs performances seraient d'autant plus élevées que leurs ressources seraient importantes ; on se situerait sur la courbe du graphique 1. Ce constat invite chaque école et chaque système éducatif à trouver le chemin qui lui permettra d'atteindre la frontière d'efficience à niveau de ressources égal.

---

80. A ce propos, il faut signaler que l'on caractérise parfois les systèmes éducatifs africains comme étant moins efficients que ceux des autres régions du monde, en utilisant une mesure discutable de l'efficience, qui consiste à rapporter les performances à la part des dépenses d'éducation dans le PNB (ou le PIB). Pour une critique de cette mesure, voir Rasera, J.-B. (2001), « L'éducation en Afrique subsaharienne – Quels fondements des politiques ? », Irédu.

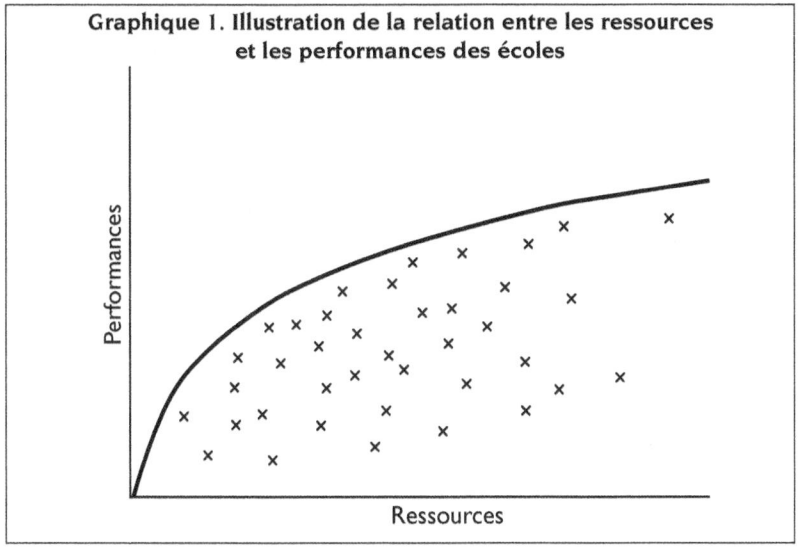

Graphique 1. Illustration de la relation entre les ressources et les performances des écoles

4.2 La gestion des politiques éducatives : ses difficultés et ses particularités

La gestion des politiques éducatives (ou des projets éducatifs) rencontre des difficultés particulières qui tiennent à l'objet étudié et à son environnement. Ce sont ces difficultés qu'il est possible de qualifier de « techniques ». D'autres sont liées davantage à la manière dont sont abordés et résolus les problèmes éducatifs ; elles sont plutôt d'ordre « culturel ».

La séparation opérée ici entre ces deux dimensions est évidemment plus pédagogique que fonctionnelle, ces deux dimensions étant indiscutablement liées entre elles (les difficultés « culturelles » découlent notamment en partie des difficultés « techniques »).

4.2.1 Les difficultés « techniques »

Pour illustrer les difficultés techniques, nous pouvons nous référer au schéma 4 qui s'applique formellement à la description des différentes étapes de gestion des politiques éducatives. Le premier niveau de difficulté concerne la faible « lisibilité » des politiques éducatives en termes d'objectifs poursuivis ; le deuxième concerne l'opacité qui entoure les « processus de production » (le cahier des charges ne précise pas tous les éléments de la production) ; le troisième a trait aux problèmes que pose la mesure des « produits » de ces politiques. Tous ces éléments nuisent à la rétroactivité du processus et, en particulier, à la confrontation des résultats au cahier des charges et aux objectifs, confrontation qui permet d'apprécier l'efficacité (interne et externe) des politiques mises en œuvre.

Les objectifs assignés aux systèmes éducatifs sont définis en termes très généraux, souvent trop généraux, pour se prêter à une évaluation *ex post*. Il y a un véritable problème de lisibilité des politiques éducatives sur lequel nous reviendrons plus tard en détail. Faciliter l'intégration économique et sociale des citoyens, participer au développement économique, assurer la transmission des connaissances, ne constituent que des orientations générales qu'il importe de décliner de manière plus fine en précisant les priorités qui doivent être accordées à chacun des niveaux et des types d'enseignement, les choix à effectuer en matière de régulation du système et d'orientation des élèves, la manière de tenir compte de l'évolution des besoins de la collectivité en termes de qualification, etc. Ces objectifs généraux peuvent en outre être partiellement contradictoires : la recherche de l'efficacité économique et de l'équité peuvent, par exemple, s'opposer ; les priorités accordées à certains niveaux ou types d'enseignement sont purement verbales dès lors que l'on ne désigne pas explicitement ceux qui ne sont pas prioritaires. Enfin, le caractère opérationnel de ces objectifs généraux, qui passe le plus souvent par l'élaboration de plans, souffre souvent des mêmes maux et ne va que très rarement jusqu'à la définition d'objectifs précis dont le degré de réalisation pourrait être examiné dans le futur.

La « technologie de production » dans le domaine éducatif est relativement opaque. Il y a, *a priori*, de nombreuses manières de faire fonctionner les établissements d'enseignement, en combinant à la fois le nombre et la qualité des intervenants, le matériel pédagogique, les modes de groupement des élèves et des étudiants, et les pratiques pédagogiques. Par ailleurs, l'enseignement ne constitue pas une activité industrielle dans laquelle il serait possible de standardiser les comportements. C'est au contraire une activité de main-d'œuvre, relativement délocalisée, dans laquelle l'énergie des acteurs, mais aussi leur « tour de main », peuvent jouer un rôle important. Les résultats obtenus sont en outre sensibles aux caractéristiques des bénéficiaires, à leur nombre, et à leurs caractéristiques scolaires (niveau de compétence, homogénéité) et sociales. Ils dépendent également de la discipline enseignée.

Le problème est d'autant plus complexe que les théories des apprentissages (psychologie cognitive, pédagogie, didactique) sont conflictuelles et ne dessinent pas de modèles uniques en fonction de circonstances définies, mais un large champ d'hypothèses difficilement testables à grande échelle. Le test de ces hypothèses nécessite en effet le contrôle de nombreux facteurs susceptibles d'affecter les résultats (les éléments d'organisation précédemment mentionnés, les caractéristiques des bénéficiaires). Il requiert par conséquent des échantillons statistiques de grande taille, ce qui est en tant que tel une difficulté. Parfois, il est même impossible d'observer certaines relations sur la population entière, la variabilité des situations n'étant pas assez grande. Pour pallier ces inconvénients, certains[81] s'inspirent de l'histoire de la recherche médicale préconisent le recours à des expérimentations aléatoires (*randomized trials*) qui consistent à créer de toutes pièces les conditions permettant d'observer ces relations. Cependant, si elle résout la difficulté théorique, l'application de cette méthode aux phénomènes éducatifs se heurte à des difficultés pratiques et morales souvent rédhibitoires. Ainsi, même en présence d'objectifs relativement clairs, la définition du cahier des charges de la politique éducative reste très délicate et très empirique.

Les résultats des politiques éducatives sont difficilement quantifiables. Le troisième élément qui éloigne la gestion de la politique éducative du cadre théorique présenté précédemment concerne en effet la définition des indicateurs de résultats. Lorsqu'ils sont quantifiables, c'est généralement sur la base de mesures partielles qui ne font pas systématiquement l'unanimité. A ce niveau, on peut distinguer les résultats techniques intermédiaires, qui permettent de juger de l'efficacité interne, des résultats finals, liés aux objectifs initiaux de la politique engagée et mesurant l'efficacité externe. Le premier type de résultats renvoie aux apprentissages, aux compétences, aux comportements et aux carrières scolaires des élèves. Le second type de résultats est beaucoup plus large et diffus en raison de la variété des objectifs : il concernera par exemple des mesures d'insertion économique des personnes formées (taux d'emploi, type d'emploi occupé, niveau de rémunération) ou des indicateurs plus globaux de changements économiques (croissance) ou sociaux. A l'évidence, au premier comme au second niveau, de nombreuses dimensions des activités et des politiques éducatives resteront difficilement quantifiables.

---

81. Voir par exemple Kremer, M.R. (1995), "Research on schooling: what we know and what we don't – A comment on Hanushek", *The World Bank Research Observer*, vol. 10, n° 2, août, pp. 247-54.

Sans entrer ici dans un niveau de détails qui nous éloignerait trop de notre sujet, notons que quand bien même l'estimation d'indicateurs quantifiables serait possible, il conviendrait de s'accorder sur la mesure la plus adéquate. Si l'on prend le cas des apprentissages, on comprend bien que les indicateurs possibles sont sensibles à différents éléments de contexte qui peuvent conduire à une mauvaise représentation du phénomène : en privilégiant par exemple les notes données en classe, on mesure les résultats des apprentissages à travers un système de référence qui peut être très variable d'un enseignant à l'autre ; en considérant les résultats obtenus à un examen, on perçoit bien que ceux-ci sont très dépendants du niveau de difficulté et de l'homogénéité des épreuves et des corrections ; enfin, pour ce qui est des apprentissages, il y a des différences dans le fait de mesurer la qualité de l'enseignement à partir des connaissances scolaires plutôt qu'à partir des compétences générales, et à partir des connaissances déclaratives (connaître une règle) plutôt qu'à partir des connaissances procédurales (savoir appliquer la règle). Dans cet exemple sur les apprentissages, il apparaît clairement que la mesure des résultats des actions éducatives ne se heurte pas tant à une difficulté technique qu'au caractère multidimensionnel de phénomènes que des analyses empiriques, fussent-elles à grande échelle, ne peuvent jamais complètement restituer.

Pour toutes ces raisons, l'analyse de l'efficacité des actions éducatives constitue un exercice plus difficile, moins précis et, par conséquent, plus contestable que l'analyse de l'efficacité d'actions pour lesquelles les objectifs et les moyens de les atteindre se définissent et se mesurent aisément. Au plan de l'efficacité interne, la rareté des analyses limite alors la sélection des meilleurs modes d'organisation parmi les nombreuses combinaisons possibles ; au plan de l'efficacité externe, ces difficultés réduisent les enseignements qui pourraient être tirés des changements de politiques[82].

---

82. En matière d'éducation, la succession et la nécessaire cohérence des différents niveaux et types d'enseignement posent un problème de gestion supplémentaire dans la mesure où, pour les cycles des apprentissages fondamentaux, l'efficacité externe se confond avec l'efficacité interne (ce qui compte, c'est la qualité des apprentissages). Pour les cycles terminaux, on retrouve la dichotomie efficacité externe/efficacité interne avec une prééminence de la première sur la seconde. L'efficacité des modes d'organisation s'y mesure davantage par rapport à l'insertion économique et sociale des personnes formées qu'en référence à un niveau technique intermédiaire qui serait constitué de la seule « qualité » des apprentissages.

A ces obstacles techniques, directement liés à l'objet lui-même, s'ajoutent, comme nous allons le voir dans la section suivante, des difficultés « culturelles » qui renvoient à la fois au comportement traditionnel des gestionnaires des systèmes d'enseignement et au cadre institutionnel dans lequel cette gestion prend place.

4.2.2 Les difficultés « culturelles »

L'attention relativement faible portée à l'évaluation par les résultats dans la gestion des politiques éducatives renvoie en grande partie à une tradition d'expertise *a priori*, qui accorde une large place aux opinions que les acteurs ont du fonctionnement du système. Ce phénomène est renforcé par le fait qu'une large partie des systèmes éducatifs relève du secteur public.

En matière éducative, les choix politiques et les choix d'organisation sont fréquemment le fait d'acteurs du système (enseignants, corps d'inspection) qui se réfèrent davantage à la connaissance spontanée qu'ils en ont qu'à une approche pragmatique et empirique des phénomènes. En liaison avec cette expertise *a priori*, l'accent est mis prioritairement sur le contrôle et sur l'appréciation internes (par les acteurs eux-mêmes), au détriment d'une évaluation objective par les résultats. On peut évidemment voir dans ces pratiques (et surtout dans leur maintien) une conséquence des difficultés de mesure soulignées précédemment, mais elles renvoient parfois à une conception plus radicale, selon laquelle toute gestion de la politique éducative, au sens économique du terme, constituerait en elle-même une véritable hérésie. Indissociable du développement humain, culturel et social, l'éducation serait un objet affranchi des contingences économiques et dont la promotion, quelles qu'en soient les formes, ne peut que contribuer au bien-être individuel et collectif. Dans cette conception – que résume brutalement le slogan : « Si tu trouves que l'éducation coûte cher, essaye l'ignorance ! », il ne peut être question de mesurer l'efficacité des politiques, ni d'arbitrer entre différents objectifs ou différents modes d'organisation en fonction des coûts et des résultats produits. Une conception aussi radicale est évidemment très dangereuse, car elle conduit à oublier un peu vite, comme l'ont expérimenté de nombreux pays, que l'existence d'une contrainte de ressources conduira inéluctablement (par pénurie) à des arbitrages qui seront en contradiction avec les objectifs poursuivis.

Cette conception est d'autant plus prégnante dans les pays d'Afrique subsaharienne que les réformes et la mise en place de nouvelles procédures se voient souvent imposer, à travers leur financement, le passage obligé par une expertise externe. Face à un problème, le recours à l'expert est censé apporter La solution ; dans le pire des cas, ou le plus pur, la preuve *a priori* de la valeur de la solution n'est même pas exigible ; on ne s'attache qu'à vérifier la mise en œuvre des moyens exigés par la solution sans porter attention aux résultats.

Dans un très grand nombre de pays, l'organisation et le contrôle des systèmes d'enseignement relèvent du secteur public. Sans discuter à ce stade du bien-fondé de ce choix, souvent justifié par des considérations d'équité et d'efficacité collective (externalités positives de l'éducation, notamment[83]), on peut souligner qu'il participe aux difficultés que rencontre la mesure de l'efficacité des politiques éducatives.

A la différence de ce qui s'observe dans un secteur marchand concurrentiel, il n'existe pas dans les secteurs publics une production « naturelle » d'informations sur les modes d'organisation les plus efficaces. Même si les conditions théoriques de la concurrence pure et parfaite sont rarement réunies, le succès ou la disparition des entreprises dans le secteur marchand restent en grande partie conditionnés par la découverte de solutions d'organisation coût-efficaces. Rien de tel ne s'observe au sein des systèmes publics (à l'exception des entreprises publiques lorsqu'elles se trouvent en concurrence avec d'autres entreprises). Ce qui pourrait apparaître comme un obstacle « technique » à la recherche de politiques publiques efficaces, ayant mérité à ce titre de figurer dans

---

83. Les économistes désignent traditionnellement par ces termes les bénéfices pour les tiers (ou les pertes, dans le cas d'externalités négatives comme la pollution, par exemple) induits par la production ou la consommation d'un bien. Dans le domaine de l'éducation, ces externalités positives concernent l'ensemble des bénéfices collectifs qui découlent de l'alphabétisation des populations (communication, respect des règles collectives, culture commune, cohésion sociale, etc., mais aussi développement économique, dont le point de départ serait même, pour certains, fonction d'un seuil minimal d'alphabétisation...). Souvent évoquées, ces externalités positives de l'éducation n'ont cependant jamais véritablement fait l'objet de mesures directes. Relativement évidentes en ce qui concerne l'enseignement de base (primaire), elles le sont beaucoup moins pour les autres niveaux d'enseignement, pour lesquels un développement sans rapport avec les besoins de la collectivité (conduisant, par exemple, à un chômage important) est dans bien des cas à l'origine d'externalités négatives (frustration, revendications, mouvements sociaux, etc.).

la section précédente, relève bien de la dimension « culturelle » considérée ici. En effet, l'absence de régulation produite par la concurrence ne doit pas nécessairement conduire, en ce qui concerne les secteurs non marchands, à un désintérêt pour la recherche de meilleurs modes d'organisation. Dans le secteur public, cette recherche doit en revanche faire l'objet d'une activité particulière dont l'objectif n'est pas la survie des institutions, jamais menacée, mais plutôt la croissance de leur efficacité et un meilleur usage des fonds publics.

Les réflexions sur l'amélioration de la rentabilité des services publics se développent dans la plupart des pays développés, mais demeurent encore très marginales, en particulier dans le domaine de la politique éducative. Cette situation renvoie évidemment aux difficultés techniques de telles analyses, mais elle témoigne aussi de mentalités encore rebelles à l'idée même de gestion des activités publiques. Or, comme nous le verrons plus tard en discutant la non-neutralité du financement, l'amélioration de la gestion des fonds publics est d'autant plus importante qu'elle ne concerne pas seulement la qualité de tel ou tel service rendu à la collectivité mais, du fait de leur ampleur, l'ensemble du circuit économique.

L'ensemble de la discussion précédente peut se résumer ainsi : dans le domaine de l'action éducative, d'une part on ne connaît pas *a priori* les meilleurs moyens d'organiser les institutions scolaires et universitaires et, d'autre part, la gestion courante de ces institutions ne permet pas à elle seule de dégager ce type d'informations. Pour ces raisons, le problème du financement de l'éducation est essentiel.

La recherche de meilleurs modes d'organisation doit donc faire l'objet d'activités particulières dont le but est d'améliorer l'efficacité globale du système éducatif (efficacité interne et efficacité externe) tout en minimisant le recours aux fonds publics qui peuvent trouver une utilisation alternative plus efficace. Concrètement, il est possible d'illustrer ce point en indiquant par exemple que l'intégration économique des citoyens, poursuivie à travers le développement du système éducatif, pourra être améliorée par le choix de modes d'organisation privilégiant la qualité des acquisitions et la définition de profils de formation, plus en rapport avec les besoins de l'économie, mais aussi par des actions économiques directes visant à stimuler la création d'emplois dont le financement, dans le cadre d'une contrainte financière globale, est dépendant de la gestion des fonds alloués à la politique éducative.

D'autres caractéristiques des systèmes publics font obstacle à la recherche de politiques éducatives plus efficaces. Elles sont moins structurelles et dérivent des modes d'organisation et d'évaluation traditionnels des institutions, qu'une abondante littérature présente comme des obstacles majeurs à l'adoption d'une logique managériale.

La première de ces caractéristiques concerne la séparation des centres de décisions qui caractérise le fonctionnement des administrations publiques. Cette séparation existe dans le gouvernement lui-même avec une opposition entre ministères « techniques » (Éducation, Santé, Transports, etc.) et ministères « fonctionnels » (Finances, Plan) ; elle est généralement reproduite au sein de chaque secteur dans un cadre de définitions relativement strictes des compétences des directions et des services de chacun des ministères. Cette structure, formellement convenable, constitue évidemment un sérieux handicap dans le contexte de l'action éducative où il est déjà structurellement difficile de définir *a priori* les contours des politiques efficaces. En particulier, elle rend difficile la sélection pragmatique des politiques coût-efficaces, dans la mesure où chacune de ces deux dimensions relève de centres de responsabilité différents.

La seconde de ces caractéristiques concerne la logique d'appréciation des performances des institutions et de leurs dirigeants. Au plus haut niveau, l'appréciation des performances des dirigeants se base davantage sur des critères politiques que techniques. Aux échelons inférieurs, il n'existe que peu de liens entre les carrières et les rémunérations des agents et les performances des services et des institutions. Cette situation, qui tend à limiter les incitations à la recherche de meilleurs modes de gestion des politiques publiques, est généralement aggravée par l'éloignement des usagers des centres de décision. Ceux-ci n'ont, dans la plupart des systèmes de gestion publique, qu'un rôle souvent symbolique dans la définition et l'appréciation des actions entreprises, ce qui réduit encore les possibilités de mesure de l'efficacité des politiques.

Ces différents points font aujourd'hui l'objet de larges débats autour de la question de la déconcentration et de la décentralisation des services publics. L'idée principale est d'améliorer le service fourni en responsabilisant les services et les agents (déconcentration) et en rapprochant les centres de décisions des usagers (décentralisation). Ces réflexions s'appuient sur l'introduction dans l'administration d'une logique de projet, qui est en rupture avec la logique administrative traditionnelle. Elles supposent de ce fait une remise en cause importante des modes d'organisation des institutions (responsabilité, rémunérations et carrières, etc.) qui constitue presque une révolution culturelle dans les pays où la tradition centralisatrice est forte. Il faut voir dans ce mouvement le désir de combattre la relative inefficacité des administrations par l'introduction indirecte de structures de marché. On peut sans doute en attendre une amélioration d'ensemble de la gestion publique mais aussi, comme cela s'observe dans les pays qui ont opté pour ce mode d'organisation, une augmentation de l'hétérogénéité des services offerts qui entre alors en contradiction avec l'idée même de service public[84].

4.3 Les enjeux d'une gestion de la politique éducative par les résultats

La faiblesse de la relation observée entre les moyens et les produits au sein des systèmes éducatifs s'explique par l'absence d'un mécanisme de sélection des politiques éducatives – dont les principales causes ont été évoquées dans la section précédente. Cette situation, que les économistes qualifient de sous-optimale, souligne en même temps les bénéfices importants qui peuvent être attendus de la mise en place d'un tel mécanisme. La solution consiste à se rapprocher le plus possible d'une gestion de projet[85] qui repose, en dépit des obstacles, sur la production de résultats permettant de juger l'efficacité des politiques entreprises. Au-delà des connaissances qui peuvent être produites sur le fonctionnement des systèmes éducatifs, dont les éléments précédents montrent qu'ils ont peu de chance d'acquérir un véritable statut scientifique, on peut attendre de cette activité un changement de mentalité et de perspective dans les différentes dimensions de la gestion des politiques éducatives et, en particulier, la reconnaissance progressive de l'existence d'un « circuit » articulant les différentes étapes de la politique éducative (de la

---

84. En France par exemple, pays de tradition centralisatrice, les lois de décentralisation ont entraîné la multiplication des partenariats locaux, en particulier avec les collectivités urbaines ou régionales, et ont ainsi modifié les dotations aux établissements scolaires (personnel extérieur, équipements, fournitures, etc.). Cette modification s'est traduite par de grandes disparités, en contradiction avec la mission de service public.
85. Que l'on ne doit pas confondre avec l'approche-projet.

définition des objectifs à la constatation des résultats produits) dont il importe, *a minima*, d'assurer la cohérence.

Une littérature abondante existe concernant la gestion par les résultats des modes d'organisation scolaire, regroupée sous l'appellation « évaluation des systèmes éducatifs ». Dans le schéma 4, elle concerne principalement la mesure de l'efficacité interne. Nous en rappellerons brièvement les principes, les modalités, les limites et les principaux avantages avant d'examiner en quoi cette pratique est susceptible de répondre, au moins partiellement, à la question de l'appréciation globale des politiques éducatives.

4.3.1 Les leçons des travaux portant sur l'évaluation des systèmes éducatifs

Inspirés des théories économiques de la production (fonctions de production), de nombreux travaux ont été conduits sur les choix des modes d'organisation scolaire. Ils reposent sur une quantification des résultats des systèmes qui, bien que réductrice, présente cependant un intérêt tant au plan conceptuel qu'au plan opérationnel.

La grande majorité de ces travaux se base sur les acquisitions des élèves et se limite le plus souvent à l'enseignement primaire. Leur ambition est d'étudier l'allocation des différents « facteurs de production » (formation des enseignants, disponibilité en manuels scolaires, taille des classes, type de groupement d'élèves, etc.) en considérant à la fois leur effet spécifique sur les apprentissages scolaires et leur coût. L'analyse est conduite sur la base d'estimations de modèles économétriques qui permettent de mesurer l'effet particulier de chacun des modes d'organisation scolaire sur le niveau scolaire considéré comme mesure de produit du système, tout en contrôlant l'influence des caractéristiques des élèves (y compris leur niveau scolaire à l'entrée dans le niveau étudié).

Dans ce cadre, l'intérêt de la quantification des résultats du fonctionnement du système est double :

- elle autorise le recours à des méthodes statistiques, qui permettent de démêler l'impact spécifique de modes d'organisation alternatifs des établissements scolaires et les liens qu'entretiennent ces modes d'organisation avec les caractéristiques des élèves. En l'absence d'expérimentation, c'est l'une des seules voies possibles d'analyse de l'effet des modes d'organisation scolaire qui respecte à la fois la complexité des situations réelles et le caractère temporel du processus d'apprentissage[86] ;

- elle condamne une conception traditionnelle de l'allocation des facteurs, dans laquelle ceux-ci sont considérés isolément. Elle permet la considération d'arbitrages (substitution) entre les facteurs qui entrent dans une logique d'optimisation. La conception traditionnelle conduit à rechercher une situation idéale dans laquelle les enseignants reçoivent la formation la plus longue, les dotations en matériels sont très généreuses et où les classes n'accueillent que de faibles effectifs d'élèves. Le poids des contraintes financières fait que cette solution « idéale » n'est évidemment jamais atteinte, les arbitrages finals privilégiant de fait certains facteurs (les enseignants dans la quasi-totalité des cas) au détriment des autres. L'analyse concernant des produits quantifiés permet au contraire de mesurer l'influence de différentes quantités de chacun des facteurs et surtout, avec la prise en compte de leur coût qui introduit une sorte de taux de change, facilite les arbitrages. Dans le cadre d'un budget donné, il devient alors possible de réduire la dotation d'un facteur (la formation des enseignants, par exemple) si l'économie réalisée permet une amélioration globale de la qualité des apprentissages *via* une dotation plus généreuse d'un ou de plusieurs autres facteurs (les manuels scolaires, par exemple). Poussé à la limite, le raisonnement permet d'envisager une utilisation optimale du budget disponible (maximisation du niveau d'apprentissage pour un budget donné et minimisation du budget nécessaire pour un niveau d'apprentissage donné).

Cette pratique donne indiscutablement de bons résultats lorsqu'il s'agit d'évaluer l'efficacité d'une procédure particulière (classes expérimentales, projet pédagogique spécifique, etc.) et a permis de réunir au niveau plus général du fonctionnement du système des résultats intéressants que la répétition dans différents contextes nationaux permet de considérer comme des repères pour l'action (probabilités), même s'ils ne dispensent

---

86. Les acquisitions des élèves considérées à un moment donné comme mesure de fonctionnement du système sont en réalité le produit de toute l'histoire scolaire et individuelle de l'élève, alors que l'influence de modes d'organisation scolaire particuliers est datée. La prise en compte du niveau initial des élèves comme variable de contrôle dans les modèles estimés permet de mesurer l'influence des facteurs d'organisation scolaire sur une période donnée (période écoulée entre le niveau initial et le niveau final).

pas d'analyses spécifiques à chaque nouveau contexte[87]. Elle n'a que très rarement donné lieu à des analyses coût-efficacité complètes, la tentative relativement isolée de Jarousse et Mingat consacrée au Togo valant plus pour son exemplarité que pour ses résultats d'ensemble, obtenus sur la base de modèles économétriques qui apparaissent aujourd'hui relativement frustes[88].

Au titre des acquis associés au développement de ces travaux, il importe enfin d'ajouter leur contribution à un changement dans la culture des gestionnaires des systèmes éducatifs.

Ces études accordent une place centrale à la notion d'arbitrage et revalorisent ainsi l'activité de gestion proprement dite. A l'opposé d'un arbitrage *a posteriori* qu'opère inéluctablement la contrainte financière, l'arbitrage préconisé doit être le produit d'une analyse qui prend en compte à la fois la dimension de l'efficacité et celle des coûts. Ces travaux accordent par ailleurs un crédit évident à l'idée qu'il est possible de mesurer, même imparfaitement, l'efficacité des différents modes d'organisation scolaire, et contribuent à ce titre au développement d'une attitude plus pragmatique chez les gestionnaires des systèmes éducatifs.

Cette pratique d'évaluation n'est pas sans limites. Limites techniques en premier lieu, qui concernent à la fois la mesure des apprentissages censés représenter les produits des différentes formes d'organisation et la spécification des modèles estimés. Limites théoriques en second lieu, dans la mesure où elle ne prend pas en compte l'ensemble des étapes du projet, mais se résume à l'étude des choix d'organisation correspondant à un « cahier des charges » (rappelant les objectifs poursuivis) qui n'est pas discuté.

---

87. Il n'est pas dans notre propos de développer ce point. On peut noter cependant que la plupart des études de ce type montrent, au niveau de l'enseignement primaire, que la qualité des apprentissages scolaires est en moyenne assez faiblement affectée par la taille de la classe et le niveau de qualification des enseignants et, à l'opposé, très sensible à la disponibilité de manuels. Au niveau des modes de groupement d'élèves, ces recherches ont permis de mettre en évidence l'efficacité pédagogique des cours multiples et les difficultés associées à la double vacation. Ces travaux soulignent de manière systématique l'existence d'importants « effet maître » (au-delà de leurs caractéristiques professionnelles, qui se révèlent peu différenciatrices) qui rappelle, s'il en était besoin, le rôle particulier que la gestion des ressources humaines (sélection, recrutement, incitations, carrières, etc.), jusque-là très négligée, pourrait jouer dans l'amélioration des performances des systèmes éducatifs.

88. Jarousse, J.-P. et Mingat, A. (1993), *op. cit.*

Sur le premier plan, on objectera que les limites techniques sont plus formelles que réelles, dans la mesure où il est théoriquement possible d'intégrer des dimensions supplémentaires à celles généralement considérées pour peu qu'elles soient raisonnablement mesurables (d'autres types d'apprentissage, des mesures concernant les comportements, etc.). De la même manière, il est possible de prendre en compte dans les modèles estimés de nombreuses interactions entre les variables ou de tester des formes fonctionnelles intégrant des relations complexes (non linéaires notamment). Dans les faits, cependant, la relative lourdeur des analyses oblige à des choix qui sont par la suite rarement remis en cause ou justifiés par d'autres études.

Sur le second plan, les critiques portent sur le caractère partiel de ce type d'analyse, limité aux choix de nature organisationnelle (efficacité interne). La démarche n'a pas d'autre ambition que d'apporter une aide à la décision ; elle ne livre d'informations que sur l'existant ; elle se limite à une évaluation de l'efficacité interne qui ne nous dit rien de la pertinence des choix effectués en amont. A la limite, ce type de démarche pourrait conduire, par exemple, à estimer les voies les plus adéquates pour organiser un enseignement dont les programmes ne seraient que faiblement en rapport avec les besoins de la collectivité. Cela pose le problème de la transposition de la démarche à une gestion globale de la politique éducative.

4.3.2 La généralisation de la démarche au pilotage des politiques éducatives

La focalisation des travaux d'évaluation des systèmes éducatifs sur l'enseignement primaire a contribué à occulter la question du transfert de la démarche de gestion par les résultats à l'ensemble de la politique éducative. En effet, à ce niveau d'enseignement, la confusion entre évaluation des modes d'organisation et évaluation de la politique éducative est facilitée par plusieurs éléments : le « cahier des charges » est limité à la maîtrise d'apprentissages scolaires de base (lire, écrire, calculer) dont, d'une part, la définition est relativement claire et, d'autre part, l'efficacité externe est déjà reconnue[89] ; de même, et cette fois au niveau technique, les choses sont relativement simples puisque la mesure de

---

89. Sans revenir ici sur les externalités positives de l'enseignement de base qui participent de cette reconnaissance, on peut également mentionner l'existence d'une abondante littérature mettant en évidence l'efficacité productive de l'enseignement de base dans les activités traditionnelles (agriculture, petits commerces, secteur informel, etc.). Voir Jamison *et al.* (1993), *op. cit.*

l'efficacité interne (la recherche des modes d'organisation les plus coût-efficaces à travers leur influence sur les acquisitions scolaires des élèves) se confond avec celle de l'efficacité externe (la maîtrise de ces savoirs scolaires fondamentaux).

En revanche, aux autres niveaux d'enseignement et plus encore à celui du fonctionnement global de l'ensemble du système, le recours à cette démarche d'évaluation par les résultats, même si elle reste possible et nécessaire, n'est évidemment plus aussi simple. Dans ce contexte, conformément au schéma 4 de l'évaluation de projet présenté précédemment, l'appréciation de la politique impose la production systématique d'informations sur l'efficacité interne et sur l'efficacité externe, cette dernière permettant seule de mesurer d'éventuels écarts par rapport aux objectifs initiaux et une remise en cause du « cahier des charges ».

Théoriquement, cette double évaluation ne pose pas de problèmes particuliers. Concrètement, elle multiplie singulièrement les difficultés techniques. La première d'entre elles concerne évidemment la définition des résultats devant être observés. La seconde, plus statistique, concerne la variabilité des situations observables.

- Si les compétences à acquérir, qui permettent la mesure de l'efficacité interne, sont aisément observables, la mesure de l'efficacité externe suppose de disposer d'informations sur les résultats relatifs à la mise en œuvre de ces compétences, qui sont plus délicates à obtenir. Dans certains cas, on disposera d'indicateurs relativement objectifs et individualisés comme le sont par exemple, en matière d'insertion économique, les taux d'accès à l'emploi, le niveau de rémunération ou la position hiérarchique occupée ; en revanche, pour mesurer l'impact de l'éducation sur le développement, on devra avoir recours à des indicateurs plus globaux, sensibles à des facteurs contextuels difficilement contrôlables.

- L'évaluation est par nature comparative. En matière d'efficacité interne, et pour se limiter à un seul exemple, la mesure de l'influence de la taille de la classe sur les performances des élèves dépend évidemment de la possibilité concrète d'observer les résultats d'élèves scolarisés dans des classes de taille variée. Cette condition nécessaire de l'évaluation n'est pas toujours satisfaite en ce qui concerne l'appréciation de l'efficacité externe. Elle peut l'être lorsqu'il s'agit, par exemple, de comparer différentes formes ou filières d'enseignement ayant approximativement le même objet (ce qui est fréquemment le cas de l'enseignement technique et professionnel, par exemple). Cette condition n'est plus satisfaite lorsque l'enseignement considéré est monotype (enseignement secondaire général, par exemple). Dans ce dernier cas, la comparaison ne peut s'établir que dans le temps ou dans l'espace (comparaison avec d'autres pays) avec toutes les limitations que cela impose.

Enfin, sans qu'il s'agisse à proprement parler d'une limitation spécifique, on notera que l'application d'une démarche de pilotage de la politique éducative par les résultats s'inscrit nécessairement dans le temps. Les analyses d'évaluation interne exigent une période d'observation incompressible, qui correspond à une période d'apprentissage définie (une année scolaire, la durée d'un cycle de formation, etc.). Les analyses d'efficacité externe sont de ce point de vue encore plus exigeantes, dans la mesure où les phénomènes étudiés peuvent ne produire des résultats qu'au terme d'un certain délai. Avant d'apprécier par exemple l'efficacité économique d'un nouveau diplôme professionnel, il faut attendre qu'une ou plusieurs cohortes de diplômés aient eu la possibilité de se présenter sur le marché du travail ; en matière de mesure d'effets sur l'équité ou sur le développement, le délai d'observation est sans doute encore plus important.

Ces contraintes temporelles nécessaires à la production d'évaluations solides excluent une utilisation ponctuelle de la démarche. Elles vont sans doute largement au-delà de l'horizon politique habituel. On peut en déduire que le pilotage de la politique éducative par les résultats n'a de chances raisonnables de s'imposer que dans le cadre d'une institutionnalisation des procédures et d'un pilotage administratif intégré.

Au-delà des difficultés techniques, de l'imperfection des résultats, de la lourdeur relative des procédures, l'intérêt heuristique de la démarche demeure important. En privilégiant le point de vue du pilotage par les résultats, les responsables du système s'obligent à parcourir l'ensemble des étapes formalisées précédemment : définir en premier lieu des objectifs à atteindre qui soient suffisamment clairs pour que l'on puisse en proposer une ou plusieurs mesures ; définir en second lieu un cahier des charges (un programme) qui précise les éléments sur lesquels pourront être évalués l'efficacité interne du dispositif, et donc le choix des modes d'organisation alternatifs ; en troisième lieu, institutionnaliser une confrontation des résultats finals aux objectifs poursuivis permettant, sur la base des écarts constatés, une réorientation éventuelle des actions (objectifs ou cahier des charges).

Comme nous le notions précédemment à propos de l'évaluation de l'efficacité interne, la mise en œuvre d'une démarche de ce type pour la gestion globale de la politique éducative pourrait permettre le développement d'une approche plus pragmatique, qui consacrerait une nette séparation entre l'orientation politique globale (les objectifs) et la gestion technique de l'organisation du système. Ce pragmatisme constitue une réponse adaptée à l'opacité de la « technologie éducative » signalée précédemment. A nouveau, la prise en compte simultanée de l'efficacité et des coûts doit permettre d'éviter les situations caricaturales, dans lesquelles la politique se définit indépendamment de toute considération de moyens, abandonnant ainsi la politique réelle au seul jeu des contraintes financières.

4.4 L'intégration du financement dans la gestion des politiques éducatives

Dans les sections précédentes de ce chapitre, nous avons volontairement passé sous silence la spécificité du financement, hormis lorsque nous mentionnons l'existence des coûts ou de la contrainte financière globale. Nous introduisons ici cette spécificité dans la problématique de la gestion de projet et, plus largement, dans celle de la gestion de la politique éducative. On se référera de nouveau à un schéma simple qui permet de présenter les différentes dimensions du financement et les relations qu'elles entretiennent avec l'ensemble des autres étapes de la politique éducative.

Le financement d'un projet ou d'une politique fait référence à quatre éléments : le montant des ressources mobilisables, les financeurs, les dépenses effectives (ce qui est financé) et les procédures employées à la fois pour mobiliser ces ressources et pour les mettre à disposition des utilisateurs.

A l'aide du schéma 5 ci-dessous, et afin de mettre en évidence ses principales relations avec la définition et la gestion de la politique éducative, on discutera du financement sous une double perspective : celle de la détermination des dépenses effectives, en premier lieu, et celle de la neutralité du processus sur l'efficacité de la politique éducative, en second lieu.

Au premier plan, et pour simplifier la présentation, on peut avancer que les dépenses effectives en matière d'éducation (ressources effectivement mobilisées et dépensées) ont une détermination à la fois exogène et endogène :

- la détermination exogène des dépenses effectives renvoie aux ressources mobilisables. Il s'agit de ressources potentielles qui sont déterminées par la situation économique générale du pays (croissance économique), la capacité de mobilisation des ressources (assiette et procédures fiscales, capacité de financement direct des familles, capacité d'emprunt, mobilisation de l'aide extérieure, etc.) et l'état de la concurrence entre l'éducation et les autres activités collectives ;

- la détermination endogène des dépenses effectives est fonction des choix opérés en matière d'organisation concrète du système (statut des établissements, structure et régulation d'ensemble, mais aussi salaire des enseignants, types et normes de groupement des élèves, matériel mis à disposition, encadrement, etc.). Elle concerne également les procédures de mise à disposition des ressources, et donc la capacité effective de dépenser les sommes mobilisées.

Cette double détermination correspond à l'ajustement comptable entre ressources et emplois. Une modification de la « technologie de production » (emplois) réduit ou augmente les ressources nécessaires au fonctionnement du système ; une variation affectant les sources de financement (croissance économique, amélioration du système fiscal, etc.) affecte les ressources potentielles et donc les emplois.

Cette liaison mécanique définit un premier niveau de non-neutralité du financement par rapport aux objectifs de la politique éducative, notamment sur un plan macro-économique. A ce niveau en effet, du fait de l'existence d'une contrainte globale de ressources, on perçoit bien que les fonds mobilisés par la politique éducative ne sont pas consacrés à d'autres politiques (politique de l'emploi, par exemple) dont certains objectifs généraux sont communs à ceux de la politique éducative. Si l'éducation a pour objet de faciliter l'insertion économique des citoyens, cet objectif peut également être atteint par la politique économique, par la politique de transport ou la politique de santé.

A ce même niveau, on observe également que le prélèvement fiscal opéré par la collectivité affecte les capacités de financement directes des ménages, mais aussi leur contribution à l'ensemble du circuit économique (consommation, épargne).

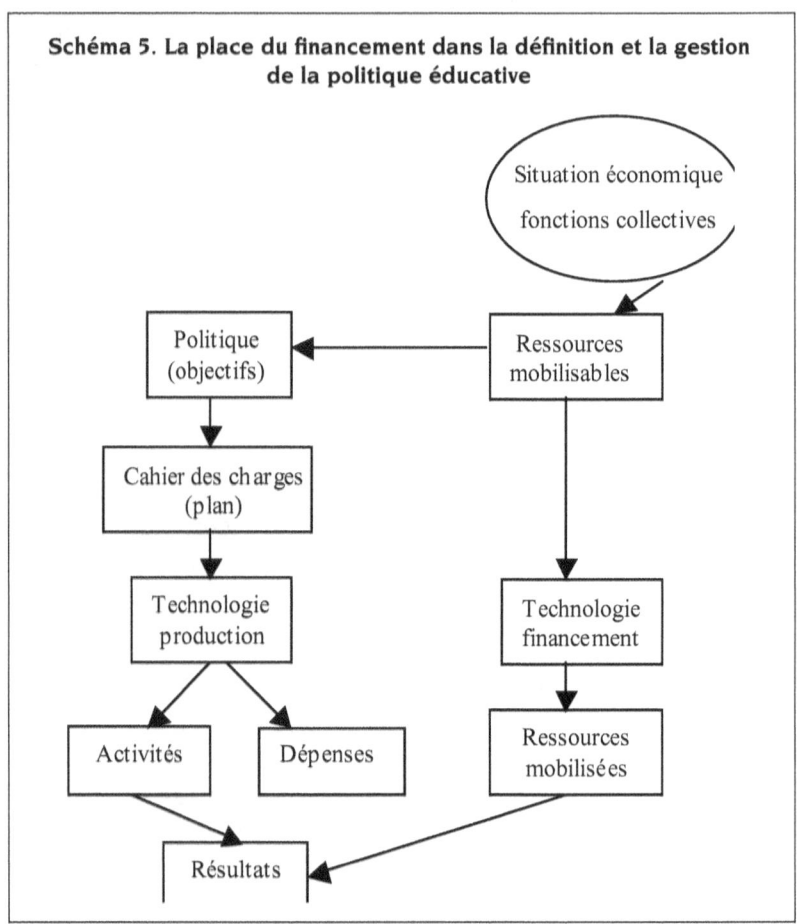

Schéma 5. La place du financement dans la définition et la gestion de la politique éducative

Au-delà de cette dimension macro, relativement triviale, il existe un second niveau de non-neutralité du financement qui est cette fois interne à la politique éducative : les choix opérés en matière de mobilisation des ressources affectent parfois directement les résultats obtenus. Pour illustrer ce point, on peut se référer à une large littérature, associée en particulier au débat sur la décentralisation évoqué précédemment, qui montre qu'en considérant alternativement les ménages comme des assujettis, des usagers, des clients ou des partenaires, on obtient des résultats relativement différents en matière de politique éducative.

Le caractère plus ou moins direct de la participation des ménages au financement des établissements détermine leur degré d'implication dans le fonctionnement et, souvent, les performances de ces derniers. De la même manière, l'élargissement des sources de financement (collectivités territoriales et locales) accroît généralement la demande de justification des choix effectués en matière de gestion et d'organisation des établissements. Enfin, personne ne contesterait que le recours à l'aide extérieure a des conséquences sur la définition et la gestion nationales de la politique éducative.

Ces différents éléments militent pour une forte intégration de la définition de la gestion de la politique éducative, d'une part, et de la détermination du financement, d'autre part. Cette intégration suppose une prise en compte systématique des considérations de coût et d'efficacité qui donne tout son sens à la discussion précédente soulignant l'intérêt d'un pilotage de la politique éducative par les résultats. L'adoption de ce point de vue concerne au premier chef la détermination conjointe du niveau de financement, des objectifs et des formes de la politique éducative, mais aussi le choix des procédures de mobilisation et de mise à disposition des ressources qui, au plan financier, définissent, à l'image de la « technologie de production », une « technologie de financement ».

A un niveau global, la définition des objectifs de la politique éducative ne peut se faire raisonnablement sans référence aux ressources mobilisables potentielles dans un cadre prenant en compte, si possible, les arbitrages avec les autres secteurs qui concourent à la satisfaction d'objectifs comparables ou complémentaires. Cette application de la démarche coût-avantage au plus haut niveau de l'activité collective ne peut pas être aussi formelle que celle qui caractérise des choix plus techniques effectués au niveau de chacun des secteurs. Elle ne doit pas pour autant être négligée. Cette réflexion est généralement du ressort des ministères fonctionnels (Finances, Plan) et s'impose sous forme d'arbitrages peu explicites aux ministères techniques (dépensiers). L'absence de concertation à ce niveau peut être dangereuse, car elle vide de leur sens les efforts que peuvent déployer les ministères techniques pour élaborer une politique sectorielle cohérente.

En ce qui concerne l'organisation concrète du système d'enseignement, le pilotage par les résultats permet un choix plus judicieux des modes d'organisation et doit conduire à améliorer l'utilisation du financement disponible. Au-delà de la qualité des analyses, cela peut conduire à un changement de perspective susceptible de placer les ministères « techniques » dans une meilleure situation au regard des arbitrages globaux évoqués précédemment. La mise en place d'une procédure d'évaluation et de justification des actions entreprises conduit à la production de faits qu'il est difficile de négliger lors des arbitrages rendus par les ministères fonctionnels.

On remarquera qu'une opposition caricaturale entre ministères « dépensiers » et ministères centraux est révélatrice d'une politique de gestion par les moyens (le ministère de l'Éducation propose, le ministère des Finances dispose). Théoriquement, et ce terme est loin de constituer une clause de style tant il signifie qu'il s'agit d'aborder une situation idéale, les arbitrages entre les ministères devraient aller d'eux-mêmes dès lors que chacun d'eux serait capable de préciser sa contribution aux objectifs de la collectivité en fonction des moyens alloués, et ce qu'il pourrait obtenir d'une modification de ces moyens. L'impossibilité réelle (technique) d'atteindre cette situation ne justifie pas qu'elle ne soit pas un objectif vers lequel la gestion publique doit tendre.

On peut évoquer l'existence d'une technologie du financement dont la gestion relève de la même logique que celle précédemment évoquée en matière de gestion des choix d'organisation. Il existe de nombreuses procédures concurrentes qui permettent de mobiliser les ressources disponibles et de les mettre à disposition des acteurs du système. Ces procédures diffèrent quant à leur coût, mais aussi quant à leur efficacité, sans qu'il soit toujours évident de déterminer ces éléments *a priori*. Au même titre que le choix des modes d'organisation pédagogique, elles sont donc susceptibles d'une gestion pragmatique ou d'un pilotage par les résultats visant à identifier ces différentes dimensions. Du point de vue de la politique éducative, on peut également distinguer pour ces procédures financières une efficacité interne, purement technique, qui se mesurerait en fonction des moyens mobilisés (en fonction de la part des moyens mobilisés effectivement mis à disposition pour les procédures de décaissement), et une efficacité externe, finale, fonction de leur contribution à la satisfaction des objectifs de la politique éducative elle-même (équité, recherche de la qualité, etc.).

L'application de la démarche d'évaluation par les résultats à la résolution des problèmes de financement et, plus largement, à la résolution des différents problèmes de choix que pose la politique éducative, se heurte à la séparation excessive des tâches entre les différentes administrations et, en leur sein, entre les différents services et bureaux. La recherche de la cohérence des activités (de l'objectif à l'appréciation des résultats obtenus) n'a de sens à ce niveau qu'à travers le partage par les intervenants successifs d'une vision commune du projet. Qu'il s'agisse de régler des problèmes de carte scolaire, de réfléchir au niveau de recrutement des enseignants, de préciser les conditions et les formes du partage du financement, il convient que planificateurs et financiers travaillent réellement ensemble.

Dans les pays en développement, cette imbrication des activités de gestion courante et de financement est d'autant plus difficile à réaliser que la fonctionnalité des services est faible (comme nous l'avons déjà noté en faisant référence en particulier au caractère importé du système administratif). Les planificateurs prennent peu en considération les contraintes financières globales qui leur seront inéluctablement imposées lors des négociations et des arbitrages budgétaires ; les financiers n'ont qu'une connaissance et une reconnaissance limitées des difficultés que rencontrent les planificateurs dans la justification de leurs demandes. La solution concrète est difficile à trouver sans tomber dans l'angélisme. Elle passe certainement par un décloisonnement des activités et une simplification des procédures. Cette « culture commune » nécessaire à une gestion de projet ne peut s'établir qu'au travers des activités de travail permettant un véritable échange entre les partenaires. Cela comprend les relations entre les planificateurs et les agents des autres services du ministère de l'Éducation et les relations entre les planificateurs et leurs correspondants dans les ministères des Finances et du Plan.

En ce qui concerne les premières relations, nous avons déjà suggéré une modification de la position institutionnelle du service de planification. On pourrait en outre recommander une meilleure communication entre les différents services, mais il s'agirait à coup sûr d'un vœu pieux. Il est toutefois possible de proposer une disposition concrète de nature à l'améliorer : l'organisation ministérielle se matérialise généralement par un organigramme hiérarchique des différents services et par une définition des attributions et des tâches de chacun d'entre eux. Par ailleurs, les attributions et les tâches du ministère sont également définies, mais d'une manière générale et d'un point de vue externe (rôle de l'éducation dans la société, par exemple). Cependant, il manque à cette organisation un élément important qui serait justement de nature à améliorer son efficacité : il s'agirait de définir, pour l'ensemble du ministère, des tâches relatives à son fonctionnement interne. Ces tâches, déclinées sous la forme d'objectifs concrets, de produits, concerneraient la communauté d'activité de l'ensemble des services. On définirait alors un plan de production précisant les objectifs à atteindre, les services concernés et, notamment, un calendrier des communications entre ces services. Le secrétariat général du ministère serait alors chargé de veiller aussi bien à la réalisation des activités incombant à chaque service qu'au respect de ce calendrier.

Sur le second plan, celui des relations entre les planificateurs et les agents des ministères des Finances et du Plan, on peut imaginer que le fossé culturel qui les sépare soit en partie comblé par des formations réciproques. Il s'agirait par exemple, pour les agents du service du ministère des Finances chargé d'élaborer le projet de budget ou la loi de finances, d'effectuer des stages (de courte durée) au sein du service de planification du ministère de l'Éducation. Les planificateurs pourraient alors leur donner une information instructive sur leurs activités (problématique, méthodes d'investigation, difficultés rencontrées, etc.). A leur tour, les planificateurs pourraient être sensibilisés par les agents des finances aux problèmes que ces derniers rencontrent lors des arbitrages et, plus généralement, être initiés aux calculs qui permettent d'apprécier, même approximativement, les contraintes financières et démographiques qui pèsent sur le secteur éducatif.

Chapitre 5.
Les alternatives structurelles

L'analyse que nous avons menée dans les chapitres précédents suppose que les structures fondamentales de l'organisation administrative sont données. Nous nous sommes situés dans un cadre public et centralisé, et les solutions aux problèmes du financement que nous avons proposées sont relatives à ce cadre. Nous devons maintenant, avant de clore cet ouvrage, examiner brièvement les solutions qui consistent en quelque sorte à trancher le nœud gordien, pour pouvoir sortir de ce cadre ou le modifier.

5.1 La privatisation

Le principe du marché supprime certains effets défavorables des conditions générales de fonctionnement du système public (incitations, incompétence, faible responsabilisation des fonctionnaires...). Nous n'entrerons pas ici dans le débat idéologique séculaire sur l'alternative public/privé et ne discuterons donc pas le prix de cette suppression. Nous limiterons notre propos à quelques remarques.

Tout d'abord, le succès de la privatisation requiert un État relativement fort pour garantir des règles de fonctionnement minimales du marché (respect de la propriété et des revenus du travail, transparence de la qualité des productions...)[90]. Ainsi, les mauvaises conditions de fonctionnement des États d'Afrique subsaharienne sont également un obstacle à un fonctionnement « harmonieux » du marché.

Même s'il existe des expériences heureuses[91], en Afrique subsaharienne, les écoles privées non confessionnelles ne fonctionnent pas mieux que les écoles publiques ; si les écoles privées confessionnelles fonctionnent en revanche parfois mieux, leurs conditions ne sont pas reproductibles.

---

90. A cet égard, l'exemple de l'actuelle Russie est très probant.
91. Fomba, C.O. (1992), *L'effet du type d'école sur la performance des élèves : une étude comparative entre élèves des écoles de base et élèves des écoles classiques du primaire au Mali (cas du district de Bamako)*, mémoire de DEA, Irédu.

La poursuite « à tout prix » de la scolarisation primaire *via* le développement du secteur privé s'est traduite parfois par une dégradation profonde de la qualité que des considérations de rapport coût-efficacité ne peuvent rendre acceptable (voir les écoles spontanées du Tchad, par exemple). L'efficience du marché requiert la souveraineté du consommateur : cette souveraineté n'existe pas pour l'enseignement primaire dans des pays où la plupart des parents d'élèves sont analphabètes.

Par ailleurs, le succès d'écoles privées dans un cadre public ne permet pas d'anticiper quels seraient le fonctionnement et les performances d'un système qui serait totalement privé.

La privatisation totale est sans doute hors d'atteinte dans la plupart des pays pour lesquels il existe une longue tradition de l'activité publique. Elle aurait probablement pour conséquence une baisse de la scolarisation primaire. La privatisation partielle[92] (niveaux secondaire et supérieur par exemple) est plus facile à atteindre et peut-être plus souhaitable : elle limite les risques de biais sociaux (ce sont déjà les milieux les plus favorisés qui profitent du système collectif à ces niveaux d'études) et permet à l'État de concentrer ses moyens sur des objectifs collectifs et sociaux.

La privatisation conduit en tout état de cause à une redéfinition importante du projet éducatif : on renonce à un produit homogène et collectif, au profit de produits diversifiés en quantité et en qualité que chacun acquiert selon ses moyens.

5.2 La décentralisation

La décentralisation – que nous avons déjà évoquée incidemment – est très en vogue en Afrique subsaharienne. On peut y voir une tentative d'amélioration de la gestion publique basée sur l'introduction de situations « quasi marchandes » : en rapprochant la gestion publique des usagers, on peut espérer bénéficier des conditions d'incitations et de responsabilisation qui s'observent sur les marchés concurrentiels. Il est en effet plus facile de gérer au plus près de l'usager : meilleure connaissance des « besoins », meilleure connaissance des ressources et des possibilités effectives de les mobiliser, plus grande proximité

---

92. La prise en charge des coûts de l'éducation par les familles, de plus en plus importante dans de nombreux pays en développement, notamment africains, ne doit pas être considérée comme une privatisation partielle (pas de concurrence au niveau de l'offre, pas de véritable marché).

des décideurs et des usagers, donc responsabilisation des premiers par rapport aux seconds.

Si elle ne s'inscrit pas dans un cadre plus global d'amélioration de la gestion de la politique publique telle qu'elle a été explicitée précédemment, la décentralisation n'a que l'apparence d'une bonne solution. En effet, la décentralisation d'une administration faible et opaque ne peut atteindre les buts qui lui sont initialement fixés. Par ailleurs, même dans le cas d'une administration forte et transparente, la décentralisation ne constitue pas forcément une panacée, dans la mesure où elle conduit à une modification profonde du projet éducatif. Le projet collectif est guidé par l'homogénéité du service ; or, celui-ci risque d'être très malmené par la décentralisation et cela d'autant plus que la décentralisation se révélera efficace. Cela tient au fait que les établissements décentralisés auront des financement et des réussites inégaux... mais aussi au fait que les décideurs locaux visent un autre projet politique que les décideurs nationaux.

5.3 Les enclaves d'efficacité

Les enclaves d'efficacité sont une réponse à l'inefficacité de l'administration publique souvent adoptée par les partenaires extérieurs. Nous avons déjà abordé cette question à propos du problème des salaires des cadres supérieurs (section 3.1). Généralisons ici notre critique.

Si les enclaves d'efficacité sont, précisément, plus efficaces que l'administration régulière, il n'est pas prouvé qu'elles soient plus « coût-efficaces » ; elles sont en tout cas beaucoup plus coûteuses. Mais la justification des enclaves d'efficacité n'est probablement pas à chercher dans cette direction ; la mesure même de l'efficacité, qui permettrait d'établir des comparaisons de rapports « coût-efficacité », peut se révéler illusoire dans beaucoup de cas.

La pertinence des enclaves d'efficacité pourrait être trouvée dans le fait qu'en deçà d'un certain niveau de dépenses et, en conséquence de certaines conditions, certaines entreprises sont inutiles ou impropres à provoquer un développement du système dans son ensemble ; du reste, nous avons nous-mêmes suggéré que les moyens humains et matériels du service de planification soient substantiellement augmentés et, plus généralement, que les salaires des cadres qui occupent des fonctions stratégiques soient revalorisés. Cependant, le grand défaut des enclaves d'efficacité est leur non-intégration au système global, leur caractère exceptionnel, provisoire, voire contradictoire au regard de ce système ; il s'agit la plupart du temps d'une réponse opportuniste au problème de l'efficacité, d'une réponse qui ne se soucie pas du fonctionnement de l'ensemble du système. Or, précisément, la nécessaire et forte intégration de toutes les activités du système est indispensable à la qualité de ce fonctionnement.

Les projets d'aide peuvent être assimilés à des enclaves d'efficacité. La critique de l'approche-projet s'applique donc également à celles-ci. Le point de vue pragmatique qui permettrait de prendre leur défense ne peut valoir que dans l'immédiat du projet ou de l'enclave d'efficacité. Si l'on ne doit pas exclure dogmatiquement tout recours à celle-ci, elle ne devrait pas constituer un réflexe face à tout problème d'efficacité. L'alternative n'est pas d'avoir une enclave coûteuse mais efficace ou une administration régulière inefficace, car les coûts ne sont pas identiques, mais d'avoir une efficacité ponctuelle ou de rechercher un fonctionnement harmonieux de l'ensemble du système.

Conclusion

Le financement est un élément essentiel du système éducatif public, du fait de la complexité de l'éducation et de la complexité du système public. Ce caractère se manifeste tout au long de l'élaboration du projet éducatif. Le financement, qu'il s'agisse de sa prise en considération dans la définition de la politique, de l'évaluation des capacités financières des différents partenaires, de l'estimation des coûts, de son organisation – qui finance quoi, comment ? – , de sa réalisation progressive – de la planification à l'exécution des dépenses –, modèle constamment ce projet. La cohérence du projet éducatif requiert la résolution de nombreux problèmes intrinsèques ou liés au financement ; son efficience passe par une conception de la politique éducative – auto-évaluation permanente – qui est dictée par la loi du financement.

Le fonctionnement du système éducatif, et singulièrement sous l'aspect de son financement, est primordial au regard de ce que nous avons appelé la « rationalisation des dépenses » (choix de la technologie éducative et de l'allocation des ressources entre les niveaux et types d'enseignement ou entre les différents inputs de la production scolaire). La qualité de ce fonctionnement est une condition impérative de cette rationalisation. Pour deux raisons complémentaires : d'une part, parce qu'un mauvais fonctionnement contrarie l'application des recommandations inspirées par la rationalisation des dépenses ; d'autre part, et surtout, parce qu'une rationalisation efficace des dépenses ne peut être qu'intégrée au fonctionnement.

La question du financement se pose à toutes les étapes de l'élaboration du projet éducatif, et les problèmes qui doivent être résolus pour en assurer la cohérence sont nombreux et d'origine diverse. Bien que ces origines soient inhérentes à l'état de sous-développement, la résolution des problèmes est possible. Elle requiert en premier lieu une prise de conscience et une appréhension simultanée de l'ensemble des problèmes. Des problèmes capitaux naissent d'une position idéologique ou d'un héritage de règles et peuvent être résolus efficacement par des actions relativement simples. Plusieurs d'entre elles ne concernent pas seulement les ministères de l'Éducation mais également les gouvernements et les ministères centraux (Finances, Plan) qui doivent par conséquent être impliqués d'emblée dans le programme de résolution de l'ensemble des problèmes. La résolution de cette première catégorie de problèmes (modification de structures, de procédures, de règles) permet d'améliorer les « voies imposées à l'action ». Elle est indispensable pour rendre possible un travail de planification-programmation de qualité. Les capacités humaines pour accomplir ce travail doivent néanmoins être sérieusement renforcées. Cela nécessite des mesures plus difficiles à adopter que celles auxquelles on recourt en général et qui n'ont qu'une efficacité éphémère. La définition des objectifs assignés aux responsables de ce travail doit ensuite être améliorée : qu'il s'agisse des objectifs relatifs à la politique éducative, qui doit notamment tenir compte d'emblée des contraintes financières, ou qu'il s'agisse des objectifs relatifs au partage du financement, qui doit notamment tenir compte des risques afférents au défaut de financement et des difficultés de coordination des financements d'origines diverses. Enfin, un certain nombre de conditions compliquent le travail de planification-programmation. Certaines d'entre elles sont nationales et intrinsèques à l'état de sous-développement et sont assez difficiles à assouplir. Les autres sont relatives à l'aide extérieure. L'aide extérieure est incontournable, mais sa diversité et ses modalités compliquent singulièrement le travail de planification.

La politique éducative met en œuvre un ensemble de relations complexes aussi bien endogènes (différentes étapes) qu'exogènes (interaction avec les autres secteurs) dont la gestion est fort incertaine. Dans ce contexte, le financement ne constitue pas un élément qui se juxtapose à la politique. Il en fait partie intégrante, comme étape particulière définissant le possible, mais aussi comme élément de l'ensemble des choix d'organisation et de procédures qui conditionne les résultats obtenus. L'une des clefs de l'amélioration des politiques éducatives est donc de se doter de règles de décision qui tendent vers une maximisation de la satisfaction des objectifs poursuivis, en ce qui concerne la gestion pédagogique des établissements comme en ce qui concerne le financement du système.

La référence à la gestion de projet nous a montré que des progrès importants pourraient être accomplis en ce sens sur la base d'une évaluation plus systématique des coûts et des avantages des choix opérés à chacune des étapes de la gestion de la politique éducative et de son financement et, surtout, sur la base d'une prise en compte de la nécessaire cohérence de chacune de ces étapes au regard des objectifs poursuivis.

Concrètement, cette cohérence sera d'autant plus facile à atteindre que les relations entre les responsables des fonctions de planification, d'évaluation et de financement proprement dit (budgétisation, exécution) seront simplifiées et articulées, cela aussi bien à l'intérieur du ministère de l'Éducation qu'entre celui-ci et les ministères centraux.

Au terme de cet ouvrage, il ressort clairement que les deux positions extrêmes considérées en introduction (mettre l'accent sur les activités de financement ou privilégier la gestion des modes d'organisation) ne sont pas satisfaisantes, dans la mesure où elles font toutes deux l'économie d'une réflexion sur le pilotage de la politique éducative et sur la place que doit y tenir le financement.

Annexe.
L'ADEA et les travaux du Groupe sur les finances et l'éducation

L'Association pour le développement de l'éducation en Afrique (ADEA) s'efforce de promouvoir des partenariats efficaces entre les deux groupes principaux qui la constituent – les ministères africains de l'Éducation et de la formation d'une part, et leurs partenaires techniques et financiers externes d'autre part. A cet effet, l'ADEA est un réseau informel mais structuré, caractérisé par son esprit de collégialité et son professionnalisme. Conçue en 1988 (elle est d'abord connue sous l'appellation « Bailleurs de fonds pour l'éducation en Afrique », ou DAE) pour encourager la collaboration et l'échange d'informations entre organismes de développement, l'ADEA s'est transformée depuis lors en une structure visant à :
a. renforcer les capacités de leadership des ministères africains dans leurs relations avec les organismes de financement ;
b. sensibiliser ces derniers à la nécessité d'adapter leurs pratiques aux politiques, programmes et projets en éducation menés dans leurs pays ;
c. développer un consensus entre les ministères et les agences sur la manière d'aborder les questions majeures auxquelles l'éducation est confrontée en Afrique.

Les groupes de travail constituent l'épine dorsale du réseau ADEA. Ces différents groupes sont engagés dans un travail de réflexion concernant aussi bien l'analyse et la définition des politiques éducatives, le développement ou le renforcement des capacités nationales, que le plaidoyer. Ils reposent, pour la plupart d'entre eux, sur la confrontation d'expériences nationales et forment, avec les agences et les institutions (notamment africaines) associées, un réseau facilitant les échanges et la définition d'outils. A ce jour, l'ADEA compte onze groupes de travail – l'un des plus récents est le groupe de travail sur les finances et l'éducation :
- Livres et le matériel éducatif
- Enseignement à distance et apprentissage libre
- Développement de la petite enfance
- Finances et éducation

- Statistiques de l'éducation
- Analyse sectorielle en éducation
- Recherche en éducation et analyse de politiques
- Participation féminine
- Profession enseignante
- Enseignement supérieur
- Éducation non formelle

Ces groupes de travail sont conduits par différentes institutions (agences de financement, ministères de l'Éducation, organisations internationales, etc.) et administrés par des agences spécialisées ou des organisations non gouvernementales. Le groupe sur les finances et l'éducation est pour sa part conduit par l'agence de coopération canadienne (Agence canadienne de développement international – l'ACDI) et administré par le Conseil pour le développement de la recherche en sciences sociales en Afrique (CODESRIA), basé à Dakar.

Le groupe sur les finances et l'éducation a été constitué en 1994 avec pour principale ambition de faciliter les échanges entre spécialistes africains de l'éducation (planificateurs, économistes de l'éducation, responsables des finances) et bailleurs de fonds autour des questions du financement, de la gestion et de la planification de l'éducation dans les pays africains du Sud du Sahara. Plus spécifiquement, les activités du groupe visent à assurer une meilleure coordination, au niveau national, entre les ministères de l'Éducation et des Finances. Cette coordination passe à la fois par l'amélioration des liaisons institutionnelles entre ces deux ministères et par le renforcement des capacités des responsables du système éducatif dans le domaine de l'élaboration et de la justification des politiques éducatives (développement d'une expertise technique nationale et élaboration d'outils permettant d'analyser les options de politique éducative et de définir les arbitrages au niveau des activités comme des budgets).

Outre la réalisation d'un examen de la littérature concernant l'allocation des ressources à l'éducation en Afrique subsaharienne[93], les activités du groupe ont porté sur la réalisation de six études nationales dont l'objectif était de décrire les pratiques et les mécanismes du financement de l'éducation, en attachant une attention particulière aux relations

---

93. Conhye, B. et Coulibaly, M. (1999), *Politiques, procédures et stratégies d'allocation des ressources à l'éducation en Afrique subsaharienne*, ADEA, Paris et CODESRIA, Dakar.

institutionnelles entre les ministères de l'Éducation et des Finances en matière d'élaboration et d'exécution des budgets. Les équipes nationales retenues après appel à propositions ont été sélectionnées sur la base de la qualité des analyses proposées et de critères géographiques et linguistiques.

Elles concernent trois pays francophones (le Bénin, le Niger et le Sénégal) et trois pays anglophones (l'île Maurice, le Swaziland et la Tanzanie). Ces équipes nationales réunissent des responsables des ministères de l'Éducation, des Finances et du Plan, des universitaires et des consultants nationaux spécialisés dans le domaine et, enfin, des responsables d'institutions (collectivités territoriales, ONG, représentants de l'enseignement privé) directement ou indirectement associés à la politique éducative.

L'objectif des études est de produire une description des procédures d'élaboration et d'exécution des budgets en mettant en évidence leurs forces et leurs faiblesses. Plus spécifiquement, les termes de référence précisent que chacune des études doit permettre de :
- faire le point sur l'élaboration des politiques sectorielles et sur le système d'informations à la disposition des décideurs ;
- réunir et apprécier la qualité des informations disponibles sur l'ensemble des ressources allouées à l'éducation ;
- décrire le processus de décision en matière de politique éducative et de financement, en attachant une attention particulière aux relations qui se nouent à cette occasion entre les différents partenaires éventuels (ministères de l'Éducation, du Plan et des Finances, collectivités locales, responsables des institutions scolaires et parascolaires, etc.) et aux méthodes d'information et de prévision utilisées ;
- proposer des outils et des procédures permettant d'améliorer le processus de décision en matière de politique éducative et de financement.

Les six équipes se sont efforcées de documenter ces différents points en réunissant des informations existantes et, en fonction des spécificités nationales, en conduisant directement des analyses de terrain permettant la production de données originales (analyses des coûts, description des dépenses d'éducation à la charge des familles, recueil d'opinions sur les procédures de décision auprès des acteurs de la politique éducative, etc.). Les objectifs du groupe de travail, en cohérence avec la philosophie de l'Association, ne se limitaient pas à ces descriptions des procédures nationales. La réalisation de ces études devait être l'occasion d'un échange et d'une réflexion, au plan national d'abord, entre les différents partenaires de la politique éducative, et au plan international ensuite, à travers la constitution d'un réseau associant les responsables de chacune des six équipes, les responsables du groupe de travail et des experts internationaux.

La communication nationale a reposé sur l'organisation de séminaires au cours desquels chacune des équipes a présenté ses résultats et ses recommandations aux responsables nationaux des ministères de l'Éducation et des Finances et aux représentants des bailleurs de fonds. La communication internationale a pris la forme de séminaires régionaux du même type, associant cette fois les six équipes, et de réunions destinées aux seuls responsables des équipes. Les premières réunions ont concerné des activités d'information et de formation à destination des équipes, les suivantes ont eu pour objectifs d'échanger, valider et harmoniser les activités conduites au niveau national. Trois rapports d'étapes rédigés par chaque équipe ont ainsi été discutés en commun avec les responsables du groupe et les experts internationaux, avant la présentation des documents définitifs.

L'un des principes qui sous-tendent la philosophie de l'ADEA est de considérer que la responsabilité du développement de l'éducation incombe aux gouvernements. Faudrait-il encore mettre à leur disposition les éléments d'analyse et de négociation nécessaires à la prise de décision et à la gestion optimale des ressources tant humaines que financières. La diffusion des études de cas nationales, et la rédaction et la publication du présent ouvrage de réflexion, participent à cette philosophie de communication et de partage d'expériences.

www.ingramcontent.com/pod-product-compliance
Lightning Source LLC
Chambersburg PA
CBHW021406290426
44108CB00010B/403